思维导图
背古诗

小学必背古诗词 **75** 首

张弛 / 主编

山东教育出版社

·济南·

图书在版编目（CIP）数据

思维导图背古诗：小学必背古诗词 75 首 / 张弛主编
. –– 济南：山东教育出版社，2023.6
ISBN 978-7-5701-1801-4

Ⅰ. ①思…　Ⅱ. ①张…　Ⅲ. ①古典诗歌－中国－小学
－教学参考资料　Ⅳ. ① G624.203

中国版本图书馆 CIP 数据核字 (2021) 第 154868 号

SIWEI DAOTU BEI GUSHI

思维导图背古诗

XIAOXUE BIBEI GU SHICI 75 SHOU

小学必背古诗词 75 首

张弛　主编

主管单位：山东出版传媒股份有限公司

出版发行：山东教育出版社

　　　　地址：济南市市中区二环南路 2066 号 4 区 1 号　　　邮编：250003

　　　　电话：（0531）82092664　　　网址：www.sjs.com.cn

印　　刷：山东华立印务有限公司

版　　次：2023 年 6 月第 1 版

印　　次：2023 年 6 月第 1 次印刷

开　　本：710 mm × 1000 mm　1/16

印　　张：10.5

字　　数：180 千

定　　价：39.80 元

（如印装质量有问题，请与印刷厂联系调换）
印厂电话：0531-76216033

目录

·2·

思维导图背古诗

小学必背古诗词75首

- **导图识记** —— 思维导图、插画与古诗词相结合,增强记忆
- **原诗注音** —— 古诗原文加注音、配注释和翻译,辅助记忆
- **导图鉴赏** —— 思维导图呈现写作背景、内容大意和鉴赏要点等,加深理解
- **拓展训练** —— 课后习题多角度拓展训练,巩固理解
- **拓展音频** —— 精选名家诵读的音频以供参考,扫码可听

江　南

汉乐府　乐府诗 / 写景诗

导图识记

莲叶
南　鱼戏
莲叶
北　鱼戏

莲叶　鱼戏
东
莲叶　鱼戏
西

江南

江南　可采莲
莲叶　何田田
鱼戏
莲叶
间

原诗注音

jiāng nán kě cǎi lián
江南可采莲，

lián yè hé tián tián
莲叶何❶田田❷。

yú xì lián yè jiān
鱼戏莲叶间。

yú xì lián yè dōng
鱼戏莲叶东，

yú xì lián yè xī
鱼戏莲叶西，

yú xì lián yè nán
鱼戏莲叶南，

yú xì lián yè běi
鱼戏莲叶北。

注释

❶ 何：多么。

❷ 田田：莲叶长得茂盛相连的样子。

诗意

江南是采莲的好地方，饱满劲秀的莲叶多么茂盛挺拔。鱼儿在茂密的莲叶下嬉戏玩耍。一会儿在东边穿梭，一会儿又游到西边玩耍，一会儿在南边戏水，一会儿又突然出现在北边。

导图鉴赏

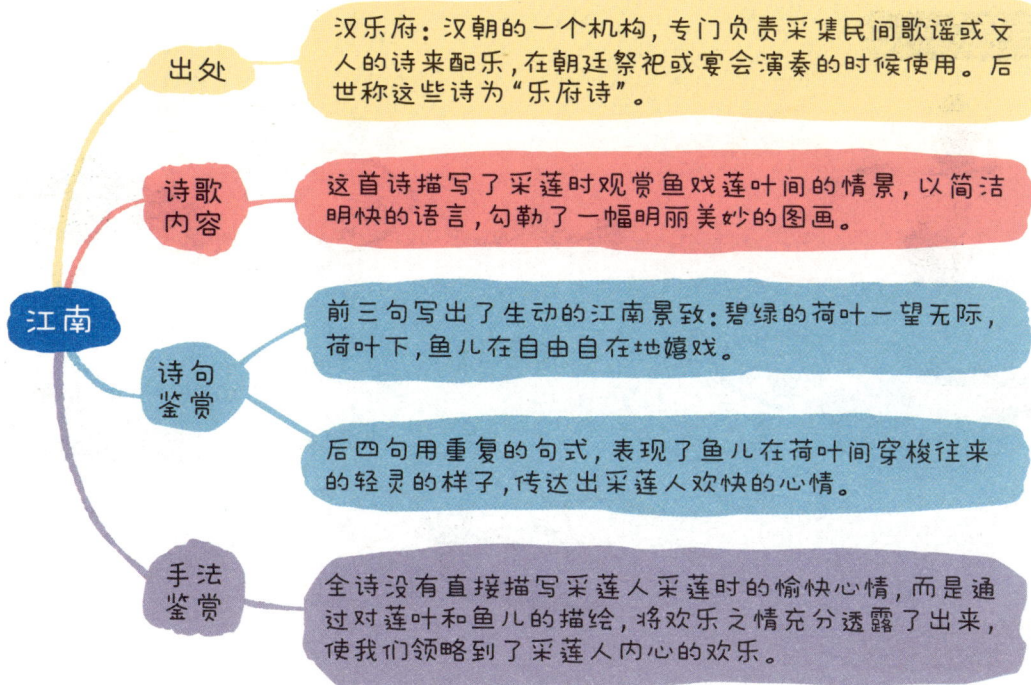

江南

- 出处 —— 汉乐府：汉朝的一个机构，专门负责采集民间歌谣或文人的诗来配乐，在朝廷祭祀或宴会演奏的时候使用。后世称这些诗为"乐府诗"。

- 诗歌内容 —— 这首诗描写了采莲时观赏鱼戏莲叶间的情景，以简洁明快的语言，勾勒了一幅明丽美妙的图画。

- 诗句鉴赏
  - 前三句写出了生动的江南景致：碧绿的荷叶一望无际，荷叶下，鱼儿在自由自在地嬉戏。
  - 后四句用重复的句式，表现了鱼儿在荷叶间穿梭往来的轻灵的样子，传达出采莲人欢快的心情。

- 手法鉴赏 —— 全诗没有直接描写采莲人采莲时的愉快心情，而是通过对莲叶和鱼儿的描绘，将欢乐之情充分透露了出来，使我们领略到了采莲人内心的欢乐。

拓展训练

❶ 右面这幅图描绘的是哪句诗？（　　　）（填序号）

  A. 莲叶何田田

  B. 鱼戏莲叶间

  C. 鱼戏莲叶东

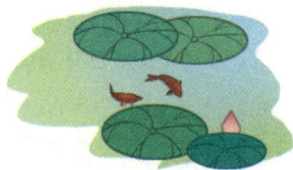

❷ 这首诗描绘的是（　　　）地区的景象。

  A. 江南　　　　　B. 边塞

❸ 这首诗描绘的是（　　　）的情景。

  A. 小孩捉鱼　　　　　B. 鱼儿嬉戏

❹ 在诗人的笔下，江南风光有很多让人着迷的地方。你还能写出几句描写江南风光的诗句吗？

_____

长 歌 行

汉乐府 | 乐府诗 / 哲理诗

导图识记

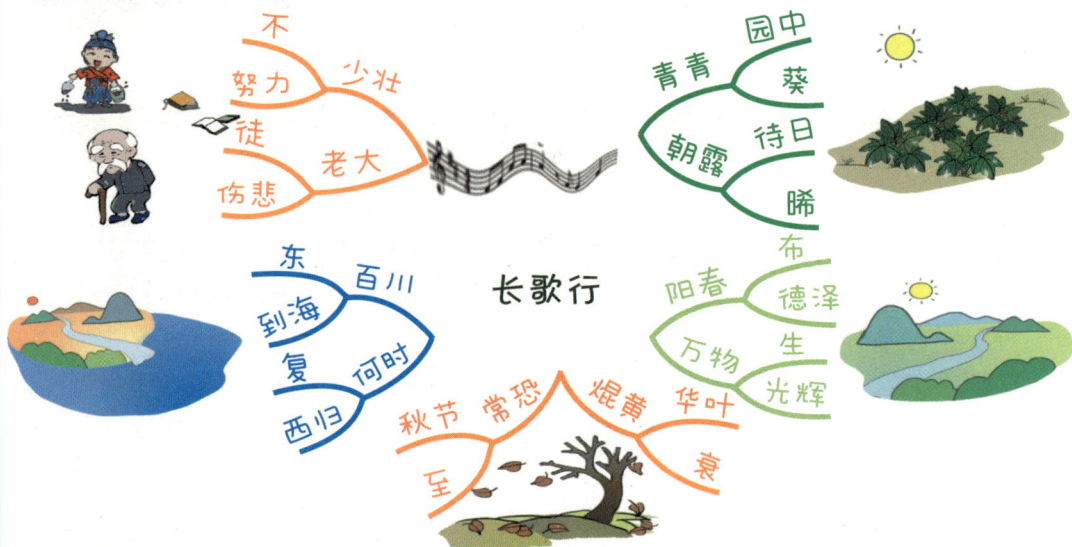

长歌行

原诗注音

qīng qīng yuán zhōng kuí
青青园中葵，

zhāo lù dài rì xī①
朝露待日晞①。

yáng chūn bù② dé zé
阳春布②德泽，

wàn wù shēng guāng huī
万物生光辉。

cháng kǒng qiū jié zhì
常恐秋节至，

kūn huáng huā③ yè shuāi④
焜黄华③叶衰④。

bǎi chuān dōng dào hǎi
百川东到海，

hé shí fù xī guī
何时复西归？

shào zhuàng bù nǔ lì
少壮不努力，

lǎo dà tú⑤ shāng bēi
老大徒⑤伤悲！

注释

① 晞：天亮。引申为阳光照耀。

② 布：布施，给予。

③ 华：同"花"。

④ 衰：旧读cuī，现多读shuāi。

⑤ 徒：白白地。

诗意

园中的葵菜郁郁葱葱，晶莹的朝露等待阳光照耀。春天给大地普施阳光雨露，万物生机盎然。常恐那肃杀的秋天来到，树叶枯黄，百草也凋零。百川奔腾着向东流到大海，何时才能重新向西返回？年轻力壮的时候不奋发图强，到了老年一事无成只能白白地悲伤！

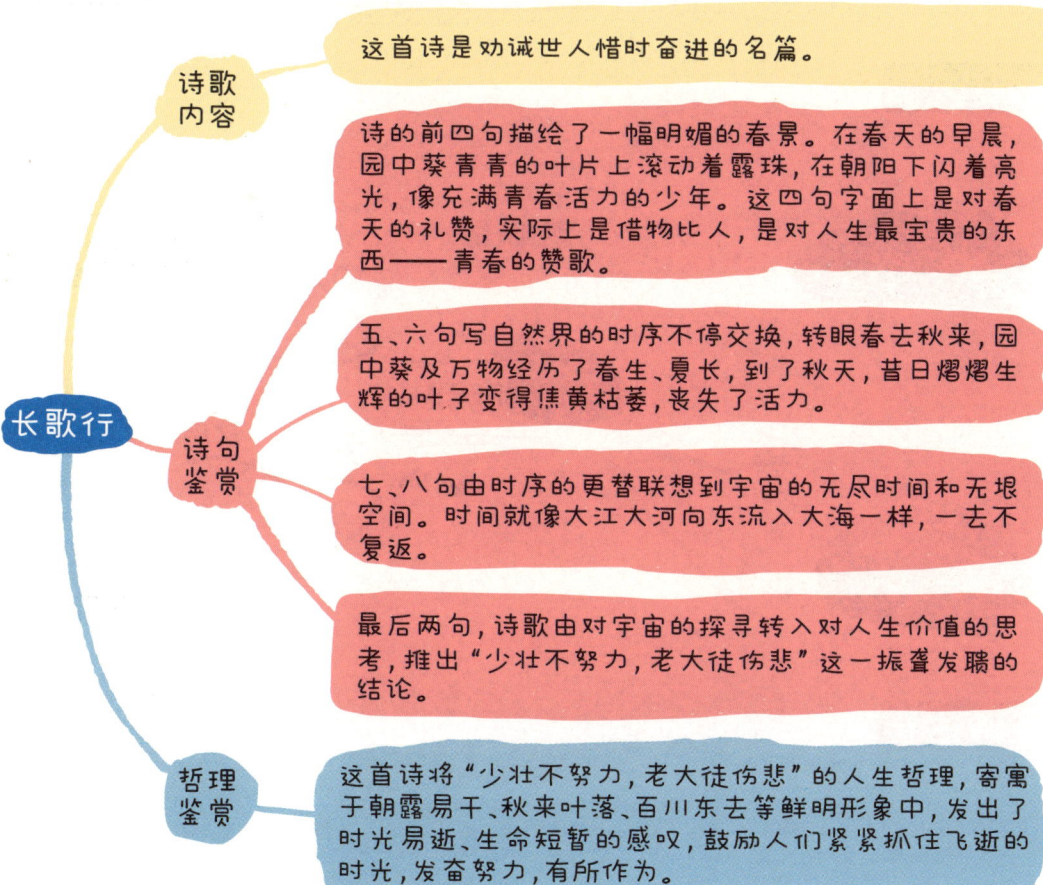

导图鉴赏

诗歌内容：这首诗是劝诫世人惜时奋进的名篇。

长歌行

诗句鉴赏：

诗的前四句描绘了一幅明媚的春景。在春天的早晨，园中葵青青的叶片上滚动着露珠，在朝阳下闪着亮光，像充满青春活力的少年。这四句字面上是对春天的礼赞，实际上是借物比人，是对人生最宝贵的东西——青春的赞歌。

五、六句写自然界的时序不停交换，转眼春去秋来，园中葵及万物经历了春生、夏长，到了秋天，昔日熠熠生辉的叶子变得焦黄枯萎，丧失了活力。

七、八句由时序的更替联想到宇宙的无尽时间和无垠空间。时间就像大江大河向东流入大海一样，一去不复返。

最后两句，诗歌由对宇宙的探寻转入对人生价值的思考，推出"少壮不努力，老大徒伤悲"这一振聋发聩的结论。

哲理鉴赏：这首诗将"少壮不努力，老大徒伤悲"的人生哲理，寄寓于朝露易干、秋来叶落、百川东去等鲜明形象中，发出了时光易逝、生命短暂的感叹，鼓励人们紧紧抓住飞逝的时光，发奋努力，有所作为。

拓展训练

❶ 这首乐府诗借_____来比喻光阴之匆匆易逝，劝勉世人要_____。

❷ 写出下列加点字的意思。

（1）朝露待日晞　　　　晞：_____

（2）阳春布德泽　　　　布：_____

（3）焜黄华叶衰　　　　华：_____

（4）老大徒伤悲　　　　徒：_____

❸ 劝说人们珍惜少年时光，认真学习，以后才能有所作为时，常引用本诗中的句子"_____，_____"。

敕勒歌

北朝民歌　北朝民歌／写景诗

导图识记

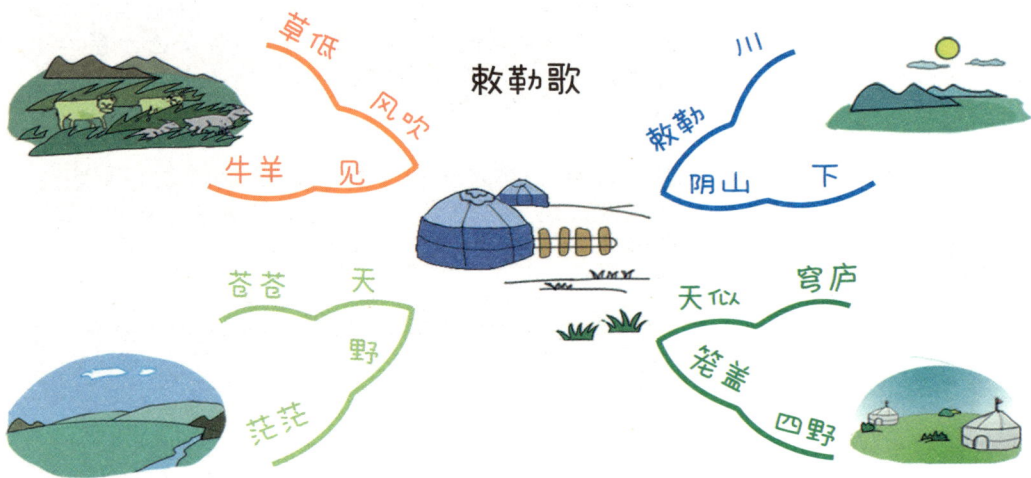

原诗注音

chì lè chuān　　yīn shān xià　　tiān sì qióng lú　　lǒng gài sì yě
敕勒川❶，阴山下，天似穹庐❷，笼盖四野❸。

tiān cāng cāng　　yě máng máng　　fēng chuī cǎo dī xiàn　niú yáng
天苍苍❹，野茫茫❺，风吹草低见❻牛羊。

注释

❶川：平川、平原。

❷穹庐：用毡布搭成的帐篷，指蒙古包。

❸四野：草原的四面八方。

❹天苍苍：天蓝蓝的。

❺茫茫：辽阔无边的样子。

❻见：同"现"，显现。

诗意

辽阔的敕勒平原就在阴山脚下，天空像一座巨大的帐篷，笼盖着整个原野。天空蓝蓝的，原野辽阔无边，风儿吹过，牧草低伏，显现出隐没在其中的众多牛羊。

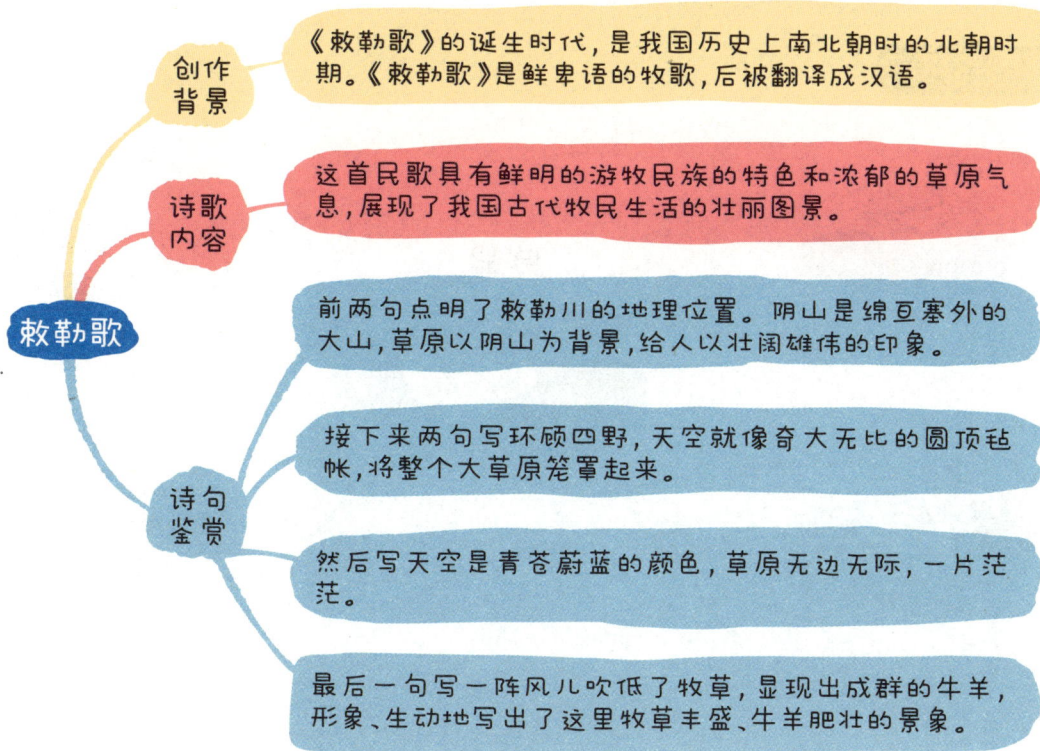

导图鉴赏

敕勒歌

- **创作背景** ——《敕勒歌》的诞生时代,是我国历史上南北朝时的北朝时期。《敕勒歌》是鲜卑语的牧歌,后被翻译成汉语。

- **诗歌内容** ——这首民歌具有鲜明的游牧民族的特色和浓郁的草原气息,展现了我国古代牧民生活的壮丽图景。

- **诗句鉴赏**
  - 前两句点明了敕勒川的地理位置。阴山是绵亘塞外的大山,草原以阴山为背景,给人以壮阔雄伟的印象。
  - 接下来两句写环顾四野,天空就像奇大无比的圆顶毡帐,将整个大草原笼罩起来。
  - 然后写天空是青苍蔚蓝的颜色,草原无边无际,一片茫茫。
  - 最后一句写一阵风儿吹低了牧草,显现出成群的牛羊,形象、生动地写出了这里牧草丰盛、牛羊肥壮的景象。

拓展训练

❶ 将这首诗补充完整。

敕勒_____,_____,_____似穹庐,笼盖_____。

_____,_____,_____。

❷ 判断下列说法的对错。对的画"√",错的画"×"。

(1)这是一首北朝民歌,写的是阴山下,草原上,风吹草低、牛羊成群的景象。(　　)

(2)"天苍苍"的意思是天空阴沉沉的,将要下雨。(　　)

❸ 请你说一说"天苍苍,野茫茫,风吹草低见牛羊"描绘的画面。

_____

_____

咏 鹅

唐／骆宾王 | 五言古诗／咏物诗

导图识记

咏鹅

红掌 拨 清波

鹅 鹅 鹅

白毛 浮 绿水

曲项 向天 歌

原诗注音

é é é qū xiàng xiàng tiān gē
鹅，鹅，鹅，曲项❶ 向天歌❷。

bái máo fú lù shuǐ hóng zhǎng bō qīng bō
白毛浮绿水，红掌拨❸清波。

注释

❶ 曲项：弯着脖子。

❷ 歌：长鸣。

❸ 拨：划动。

诗意

白鹅啊白鹅，弯曲着脖子向天欢歌。洁白的羽毛漂浮在碧绿的水面上，红红的脚掌拨动着清清的水波。

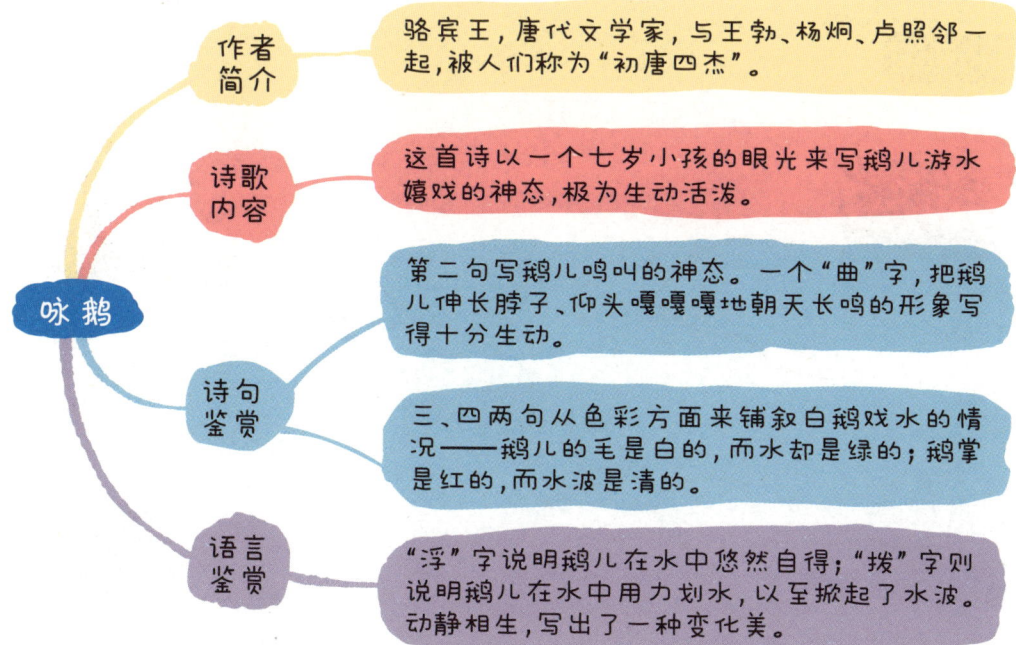

作者简介：骆宾王，唐代文学家，与王勃、杨炯、卢照邻一起，被人们称为"初唐四杰"。

诗歌内容：这首诗以一个七岁小孩的眼光来写鹅儿游水嬉戏的神态，极为生动活泼。

咏鹅

诗句鉴赏：第二句写鹅儿鸣叫的神态。一个"曲"字，把鹅儿伸长脖子、仰头嘎嘎嘎地朝天长鸣的形象写得十分生动。

三、四两句从色彩方面来铺叙白鹅戏水的情况——鹅儿的毛是白的，而水却是绿的；鹅掌是红的，而水波是清的。

语言鉴赏："浮"字说明鹅儿在水中悠然自得；"拨"字则说明鹅儿在水中用力划水，以至掀起了水波。动静相生，写出了一种变化美。

拓展训练

❶ 这首诗赞美的是哪一种动物？

_____

❷ 判断下列说法的对错。对的画"√"，错的画"×"。

（1）这首诗的作者是骆宾王，他是唐代诗人。（　　）

（2）这首诗里的大白鹅在地上散步，走来走去。（　　）

（3）"曲项向天歌"的意思是伸直长长的脖子唱歌。（　　）

❸ 这首诗中有哪些表示颜色的词语？找出来并写下来。

_____

❹ 除了这首《咏鹅》，骆宾王还有一首咏物诗《在狱咏蝉》也特别有名，你能读读吗？试着写出几句。

_____

风

唐/李峤　五言绝句／咏物诗

导图识记

原诗注音

jiě luò ❶ sān qiū ❷ yè　néng ❸ kāi èr yuè ❹ huā
解落三秋叶，能开二月花。

guò ❺ jiāng qiān chǐ làng　rù zhú wàn gān xié ❻
过江千尺浪，入竹万竿斜。

注释

❶ 解落：吹落，散落。解，解开，这里指吹。

❷ 三秋：秋季。一说指农历九月。

❸ 能：能够。

❹ 二月：农历二月，指春季。

❺ 过：经过。

❻ 斜：倾斜。

诗意

能吹落秋天的树叶，能吹开春天的鲜花。刮过江面能掀起千尺巨浪，吹进竹林能使成千上万的竹竿倾斜。

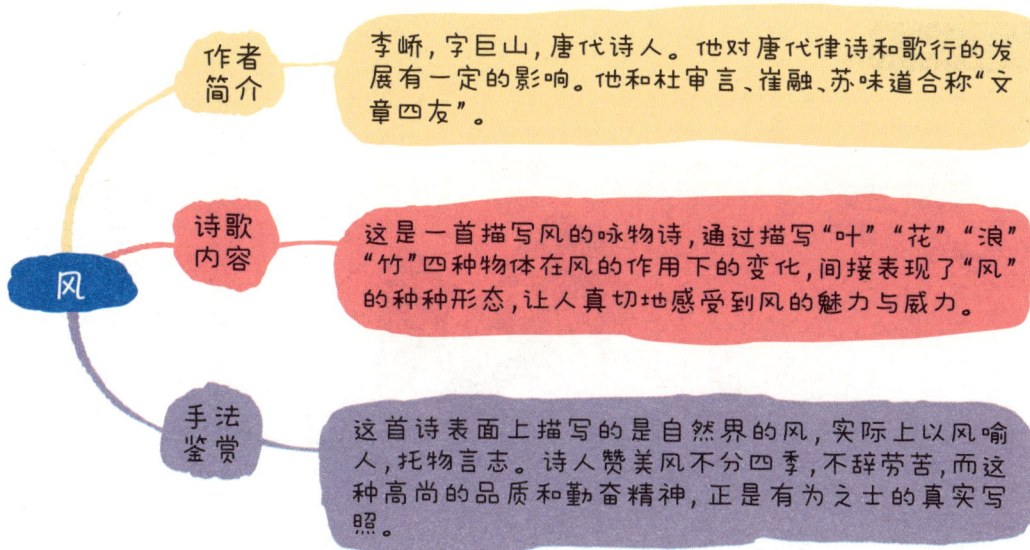

作者简介 李峤,字巨山,唐代诗人。他对唐代律诗和歌行的发展有一定的影响。他和杜审言、崔融、苏味道合称"文章四友"。

风

诗歌内容 这是一首描写风的咏物诗,通过描写"叶""花""浪""竹"四种物体在风的作用下的变化,间接表现了"风"的种种形态,让人真切地感受到风的魅力与威力。

手法鉴赏 这首诗表面上描写的是自然界的风,实际上以风喻人,托物言志。诗人赞美风不分四季,不辞劳苦,而这种高尚的品质和勤奋精神,正是有为之士的真实写照。

拓展训练

❶ 给下面的加点字选择正确的意思。(填序号)

(1)解落三秋叶( )　　A.解答　　　B.解开,吹　　C.解放

(2)能开二月花( )　　A.能够　　　B.才能,能力　　C.可能

(3)过江千尺浪( )　　A.经过　　　B.超过　　　　C.过程

❷ 这首诗表面上描写的是自然界的风,实际上以风喻人。这种手法叫_____
_____。

❸ 大自然的风有各种形态,请写出有关下列不同形态的风的诗句。

(1)微风:_____

(2)狂风:_____

❹ 用"/"给这首诗划分朗读节奏。

解落三秋叶,能开二月花。过江千尺浪,入竹万竿斜。

咏 柳

唐／贺知章　七言绝句／咏物诗

导图识记

春风
二月
剪刀　似

咏柳

妆成
碧玉
一树　高

细叶　不知
谁
裁出　？

万条　垂下
绿丝绦

原诗注音

bì yù zhuāng chéng yí shù gāo　　wàn tiáo chuí xià lǜ sī tāo
碧玉①妆②成一树③高，万条垂下绿丝绦④。

bù zhī xì yè shuí cái chū　　èr yuè chūn fēng sì jiǎn dāo
不知细叶谁裁⑤出，二月春风似⑥剪刀。

注释

① 碧玉：碧绿色的玉。这里比喻春天嫩绿的柳叶。

② 妆：装饰，打扮。

③ 一树：满树。

④ 绦：用丝编成的绳带。这里指像丝带一样的柳条。

⑤ 裁：裁剪。

⑥ 似：如同，好像。

诗意

嫩绿的柳叶装扮着高高的柳树，下垂的柳枝像丝带一样随风飘动。不知道这细细的嫩叶是谁裁剪出来的，二月里温暖的春风就像灵巧的剪刀。

导图鉴赏

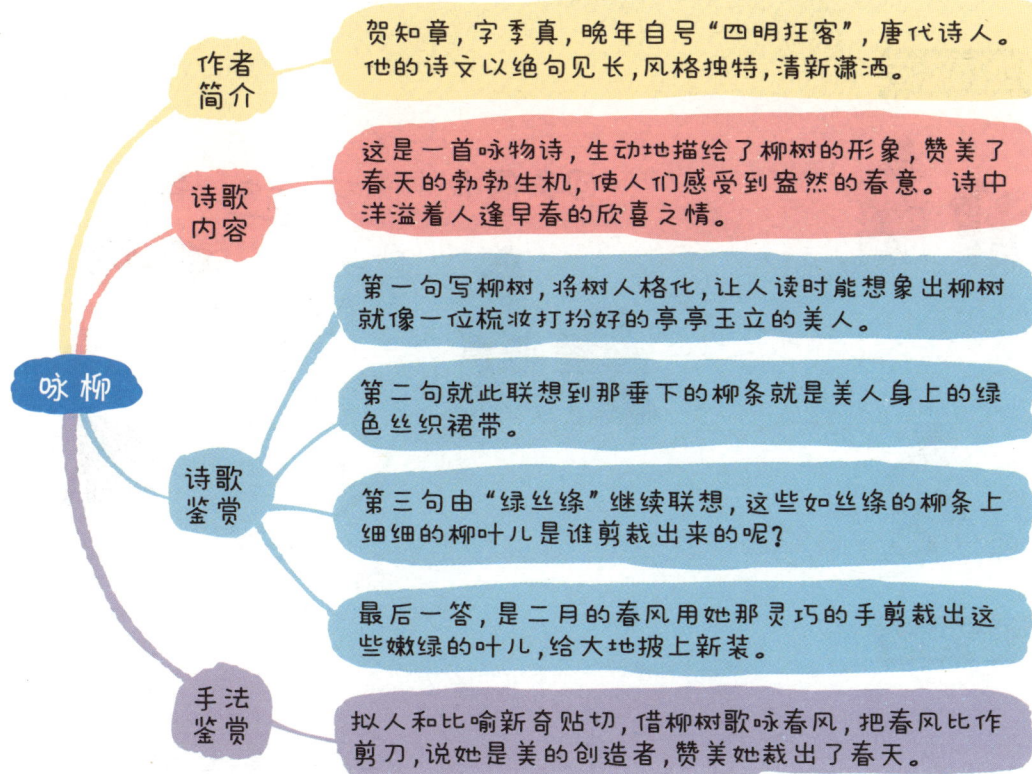

咏柳

作者简介：贺知章，字季真，晚年自号"四明狂客"，唐代诗人。他的诗文以绝句见长，风格独特，清新潇洒。

诗歌内容：这是一首咏物诗，生动地描绘了柳树的形象，赞美了春天的勃勃生机，使人们感受到盎然的春意。诗中洋溢着人逢早春的欣喜之情。

诗歌鉴赏：
第一句写柳树，将树人格化，让人读时能想象出柳树就像一位梳妆打扮好的亭亭玉立的美人。

第二句就此联想到那垂下的柳条就是美人身上的绿色丝织裙带。

第三句由"绿丝绦"继续联想，这些如丝绦的柳条上细细的柳叶儿是谁剪裁出来的呢？

最后一答，是二月的春风用她那灵巧的手剪裁出这些嫩绿的叶儿，给大地披上新装。

手法鉴赏：拟人和比喻新奇贴切，借柳树歌咏春风，把春风比作剪刀，说她是美的创造者，赞美她裁出了春天。

拓展训练

❶ 这首诗的作者是＿＿＿＿＿，他是＿＿＿代诗人。

❷ 这首诗描写的是＿＿＿（季节）的景色。第二句把柳条比作＿＿＿，第四句把＿＿＿＿比作剪刀。

❸ 写出下列加点字的意思。

（1）碧玉妆成一树高　　　妆：＿＿＿＿＿＿＿＿

（2）不知细叶谁裁出　　　裁：＿＿＿＿＿＿＿＿

（3）二月春风似剪刀　　　似：＿＿＿＿＿＿＿＿

❹ 默写这首诗。

＿＿＿＿＿＿＿＿＿，＿＿＿＿＿＿＿＿＿。

＿＿＿＿＿＿＿＿＿，＿＿＿＿＿＿＿＿＿。

回乡偶书①

唐／贺知章　七言绝句／叙事诗

导图识记

回乡偶书

客从　笑问
来　何处

相见　儿童
不
相识

少小　离家
老大　回

乡音　无改
鬓毛　衰

原诗注音

shào xiǎo lí jiā lǎo dà huí　xiāng yīn wú gǎi bìn máo shuāi
少小离家老大②回，乡音③无改④鬓毛衰⑤。

ér tóng xiāng jiàn bù xiāng shí　xiào wèn kè cóng hé chù lái
儿童相见不相识⑥，笑问客从何处来。

注释

❶ 偶书：随便写的诗。

❷ 老大：年纪大了。贺知章八十五岁辞去官职，告老还乡。

❸ 乡音：家乡的口音。

❹ 无改：没什么变化。

❺ 鬓毛衰：指鬓毛减少，疏落。衰，减少、疏落。

❻ 不相识：即不认识我。

诗意

我在年少时离开家乡，到了迟暮之年才回来，我的乡音虽未改变，但鬓角的毛发却已经疏落。家乡的孩童看见我，没有一个认识我的。他们笑着询问：这位客人是从哪里来的呀？

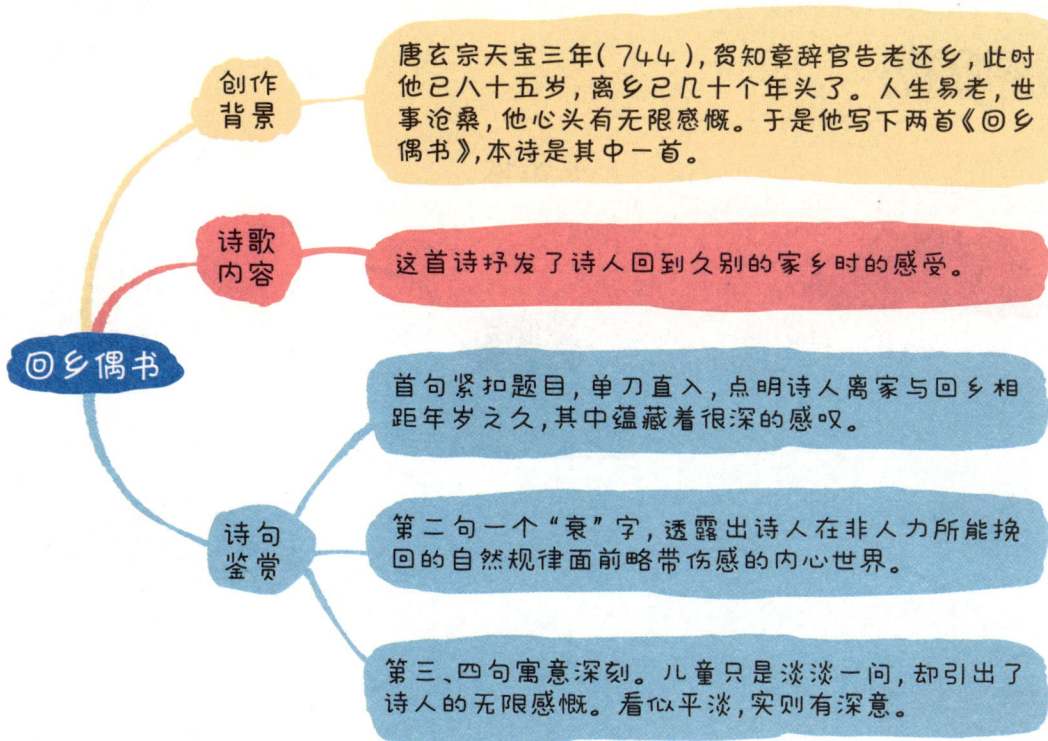

导图鉴赏

回乡偶书

- **创作背景**：唐玄宗天宝三年(744)，贺知章辞官告老还乡，此时他已八十五岁，离乡已几十个年头了。人生易老，世事沧桑，他心头有无限感慨。于是他写下两首《回乡偶书》，本诗是其中一首。

- **诗歌内容**：这首诗抒发了诗人回到久别的家乡时的感受。

- **诗句鉴赏**：
  - 首句紧扣题目，单刀直入，点明诗人离家与回乡相距年岁之久，其中蕴藏着很深的感叹。
  - 第二句一个"衰"字，透露出诗人在非人力所能挽回的自然规律面前略带伤感的内心世界。
  - 第三、四句寓意深刻。儿童只是淡淡一问，却引出了诗人的无限感慨。看似平淡，实则有深意。

拓展训练

❶ 这首诗的作者是_____代诗人_____。

❷ 这首诗中"_____，_____"两句，通过口音和容貌的状态，写出了岁月的流逝。

❸ 下列对《回乡偶书》的理解与分析不正确的一项是(　　)

A."少小离家老大回"从时间与空间上概括了诗人客居他乡的经历。

B."乡音无改鬓毛衰"刻画出了诗人的暮年形象。

C."儿童相见不相识"指的是诗人年事已高，容颜已改。

D.从"笑问客从何处来"的"笑"字可以看出，诗人回乡后，他很开心。

❹ 你知道贺知章的另一首《回乡偶书》吗？找一找，写在下面的横线上。

凉 州 词

唐 / 王之涣　七言绝句 / 边塞诗

导图识记

凉州词

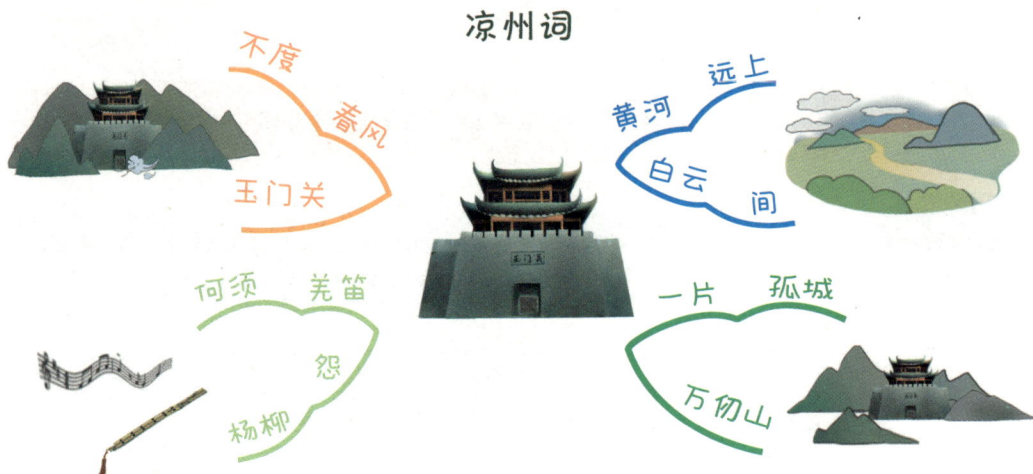

不度　春风　玉门关

黄河　远上　白云　间

何须　羌笛　怨　杨柳

一片　孤城　万仞山

原诗注音

huáng hé yuǎn shàng bái yún jiān　　yí piàn gū chéng　wàn rèn shān
黄 河 远 上 白 云 间，一 片 孤 城❶万 仞 山。

qiāng dí　hé xū　yuàn yáng liǔ　　chūn fēng bú dù　yù mén guān
羌 笛❷何 须❸怨❹杨 柳，春 风 不 度❺玉 门 关。

注释

❶ 孤城：指孤零零的戍边的城堡。

❷ 羌笛：羌族乐器，属横吹式管乐。

❸ 何须：何必。

❹ 怨：埋怨。

❺ 不度：吹不到。

诗意

黄河好像从白云间奔流而来，一座戍边之城孤独地耸峙在高山中。何必用羌笛吹起那哀怨的杨柳曲，去埋怨春光迟迟不来呢？要知道玉门关一带春风是吹不到的啊！

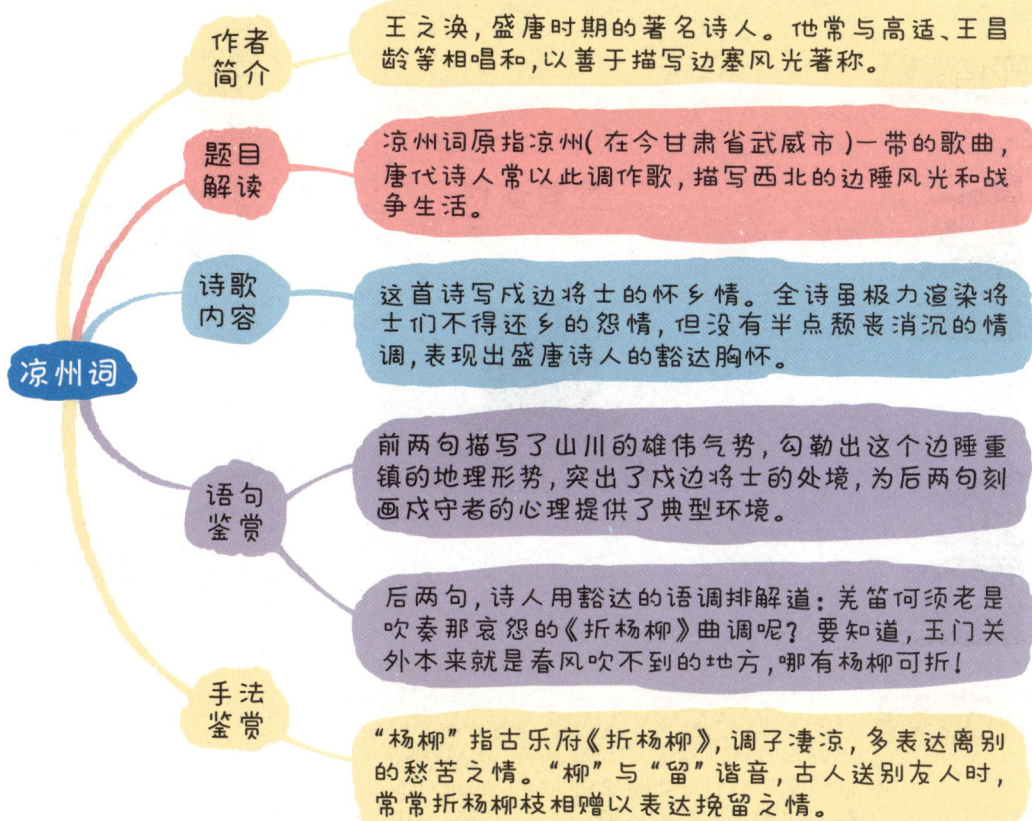

作者简介：王之涣，盛唐时期的著名诗人。他常与高适、王昌龄等相唱和，以善于描写边塞风光著称。

题目解读：凉州词原指凉州（在今甘肃省武威市）一带的歌曲，唐代诗人常以此调作歌，描写西北的边陲风光和战争生活。

诗歌内容：这首诗写戍边将士的怀乡情。全诗虽极力渲染将士们不得还乡的怨情，但没有半点颓丧消沉的情调，表现出盛唐诗人的豁达胸怀。

凉州词

语句鉴赏：前两句描写了山川的雄伟气势，勾勒出这个边陲重镇的地理形势，突出了戍边将士的处境，为后两句刻画戍守者的心理提供了典型环境。

后两句，诗人用豁达的语调排解道：羌笛何须老是吹奏那哀怨的《折杨柳》曲调呢？要知道，玉门关外本来就是春风吹不到的地方，哪有杨柳可折！

手法鉴赏："杨柳"指古乐府《折杨柳》，调子凄凉，多表达离别的愁苦之情。"柳"与"留"谐音，古人送别友人时，常常折杨柳枝相赠以表达挽留之情。

拓展训练

❶ 这首诗的作者是＿＿＿＿＿＿，他是＿＿＿＿代诗人，擅长写＿＿＿＿＿＿诗。

❷ 诗中的"春风"除了指自然现象之外，还指＿＿＿＿＿＿＿＿＿＿＿＿＿＿。

❸ 下列理解不恰当的一项是（　　）

　　A.诗歌前两句以远川高山衬托"孤城"，描绘出边地的雄阔苍凉之景。

　　B."杨柳"是双关语，既指音乐的曲调，又指现实中的杨柳树。

　　C.诗歌用"何须"二字，由边地图景描绘转入情感抒发。

　　D.全诗极写戍边者不得还乡的怨情，情绪消极悲切。

❹ 默写这首诗。

＿＿＿＿＿＿＿＿＿＿＿＿＿＿＿＿＿＿＿＿＿＿＿＿＿＿＿＿＿＿＿

＿＿＿＿＿＿＿＿＿＿＿＿＿＿＿＿＿＿＿＿＿＿＿＿＿＿＿＿＿＿＿

登鹳雀楼

唐／王之涣　五言绝句／写景诗／哲理诗

导图识记

更上
楼　一层

登鹳雀楼

白日
依山　尽

欲穷
目　千里

黄河
下海　流

原诗注音

bái rì yī shān jìn
白日①依②山尽③，

huáng hé rù hǎi liú
黄河入海流。

yù qióng qiān lǐ mù
欲④穷⑤千里目⑥，

gèng shàng yì céng lóu
更⑦上一层楼。

注释

① 白日：太阳。

② 依：依傍。

③ 尽：消失。

④ 欲：希望，想要。

⑤ 穷：尽，使达到极点。

⑥ 千里目：眼界宽阔。

⑦ 更：再。

诗意

太阳依傍山峦渐渐下落，黄河向着大海滔滔东流。如果想要遍览千里风景，那就需要再登上更高的一层楼。

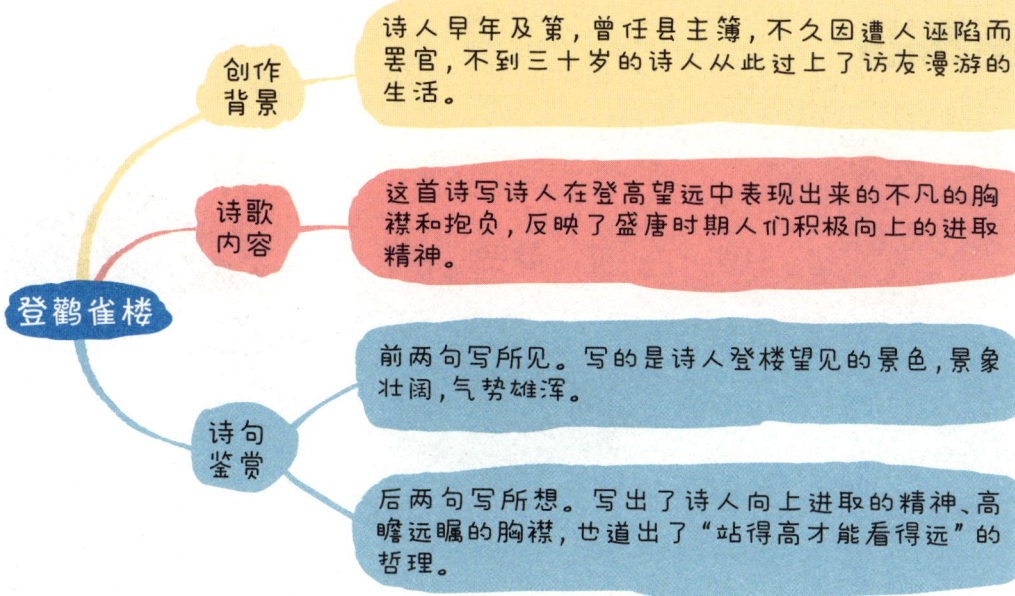

创作背景：诗人早年及第，曾任县主簿，不久因遭人诬陷而罢官，不到三十岁的诗人从此过上了访友漫游的生活。

诗歌内容：这首诗写诗人在登高望远中表现出来的不凡的胸襟和抱负，反映了盛唐时期人们积极向上的进取精神。

登鹳雀楼

诗句鉴赏：
前两句写所见。写的是诗人登楼望见的景色，景象壮阔，气势雄浑。

后两句写所想。写出了诗人向上进取的精神、高瞻远瞩的胸襟，也道出了"站得高才能看得远"的哲理。

拓展训练

❶ 这首诗的作者是_____，他是_____代诗人。

❷ 写出下列加点字的意思。

（1）白日依山尽　　依：_____　　　尽：_____

（2）欲穷千里目　　欲：_____

（3）更上一层楼　　更：_____

❸ 默写这首诗并用"／"给诗句划分朗读节奏。

_____

_____

❹ 这首诗后两句是什么意思？

_____

_____

春 晓①

唐／孟浩然　五言绝句／写景诗

导图识记

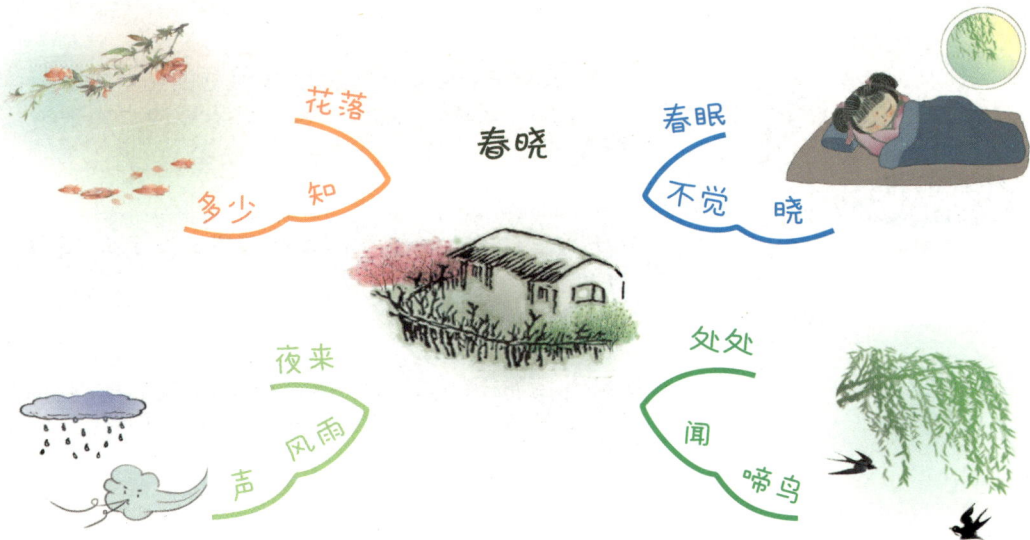

花落　多少　知

春晓

春眠　不觉　晓

夜来　声　风雨

处处　闻　啼鸟

原诗注音

chūn mián bù jué xiǎo
春眠不觉晓②，

chù chù wén tí niǎo
处处闻啼鸟③。

yè lái fēng yǔ shēng
夜来风雨声，

huā luò zhī duō shǎo
花落知多少④。

注释

❶ 春晓：春天的早晨。晓，天刚亮的时候。

❷ 不觉晓：不知不觉天就亮了。

❸ 啼鸟：鸟的啼叫声。

❹ 知多少：不知有多少。

诗意

春天的夜晚睡得很沉，不知不觉天就亮了，到处都能听到鸟儿的啼叫声。昨天夜里好像听见了刮风下雨声，风雨之后花儿不知被吹落了多少。

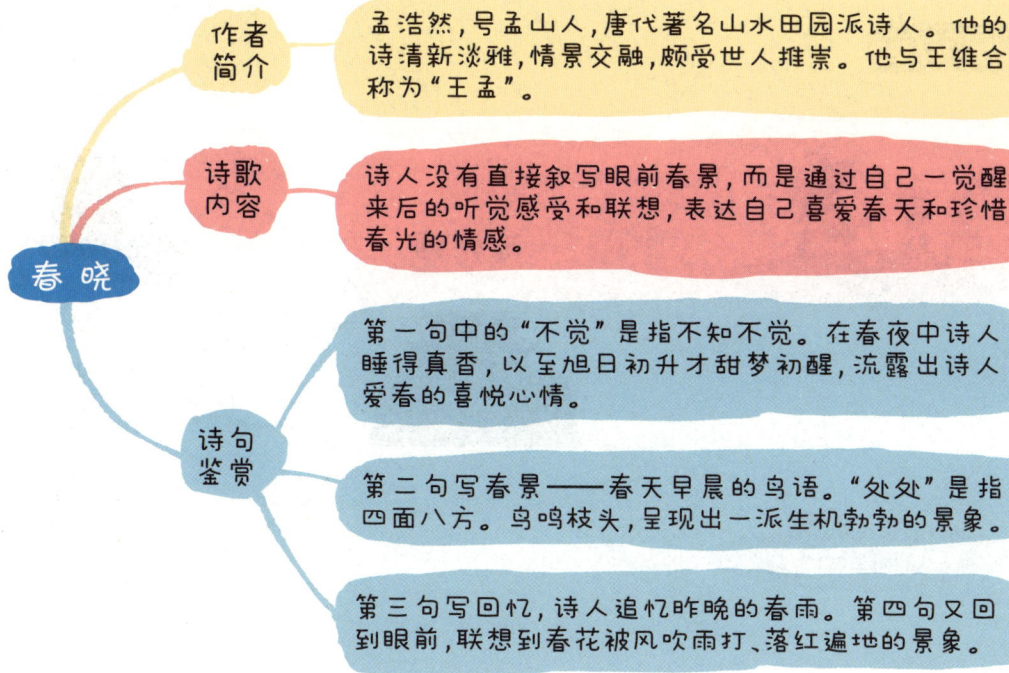

导图鉴赏

春晓

作者简介：孟浩然，号孟山人，唐代著名山水田园派诗人。他的诗清新淡雅，情景交融，颇受世人推崇。他与王维合称为"王孟"。

诗歌内容：诗人没有直接叙写眼前春景，而是通过自己一觉醒来后的听觉感受和联想，表达自己喜爱春天和珍惜春光的情感。

诗句鉴赏：
第一句中的"不觉"是指不知不觉。在春夜中诗人睡得真香，以至旭日初升才甜梦初醒，流露出诗人爱春的喜悦心情。

第二句写春景——春天早晨的鸟语。"处处"是指四面八方。鸟鸣枝头，呈现出一派生机勃勃的景象。

第三句写回忆，诗人追忆昨晚的春雨。第四句又回到眼前，联想到春花被风吹雨打、落红遍地的景象。

拓展训练

❶这首诗的作者是＿＿＿＿＿＿＿＿＿，他是＿＿＿＿＿＿代诗人，与王维合称"＿＿＿＿＿＿"。

❷给下面的加点字词选择正确的意思。（填序号）

（1）春眠不觉晓（　　）

　　A.早晨　　　　　　B.晚上　　　　　　C.中午

（2）处处闻啼鸟（　　）

　　A.鼻子闻到　　　　B.耳朵听到　　　　C.眼睛看到

（3）处处闻啼鸟（　　）

　　A.鸟的啼叫声　　　B.捉住了小鸟　　　C.提着小鸟

❸默写这首诗并用"／"给诗句划分朗读节奏。

＿＿＿＿＿＿＿＿＿＿＿＿＿＿＿＿＿＿＿＿＿＿＿＿＿＿＿＿＿

＿＿＿＿＿＿＿＿＿＿＿＿＿＿＿＿＿＿＿＿＿＿＿＿＿＿＿＿＿

凉 州 词

唐／王翰　七言绝句／边塞诗

导图识记

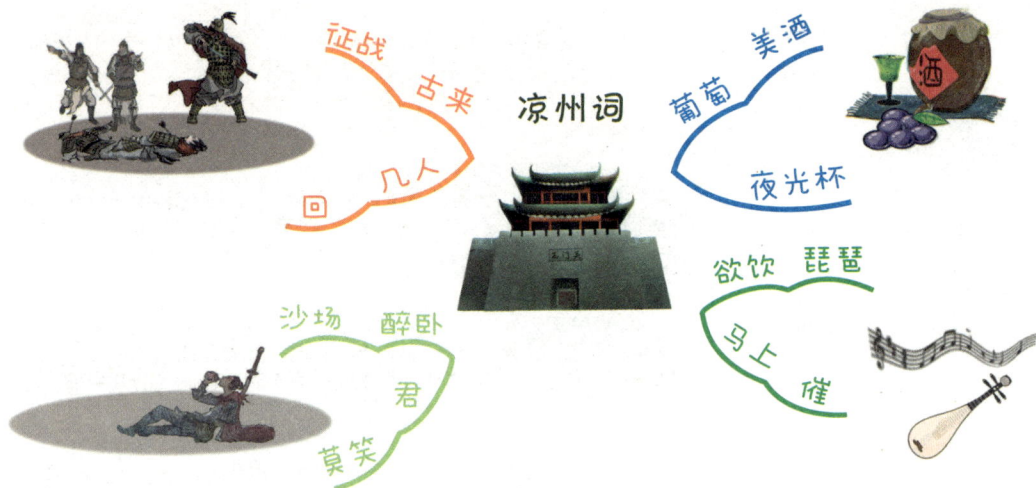

征战　古来　回　几人　凉州词

葡萄　美酒　夜光杯

欲饮　琵琶　马上　催

沙场　醉卧　君　莫笑

原诗注音

pú tao měi jiǔ yè guāng bēi　　yù yǐn pí pa mǎ shàng cuī
葡萄美酒夜光杯，欲❶饮琵琶马上催❷。

zuì wò shā chǎng jūn mò xiào　　gǔ lái zhēng zhàn jǐ rén huí
醉卧沙场❸君❹莫笑，古来征战❺几人回？

注释

❶ 欲：正要。

❷ 催：催人出发。

❸ 沙场：战场。

❹ 君：你。

❺ 征战：打仗。

诗意

精美的酒杯斟满葡萄美酒，正要举杯痛饮，出征的琵琶声催人马上出发了。如果我醉倒在战场上，也请你不要笑话，古来出外打仗的能有几人返回家乡？

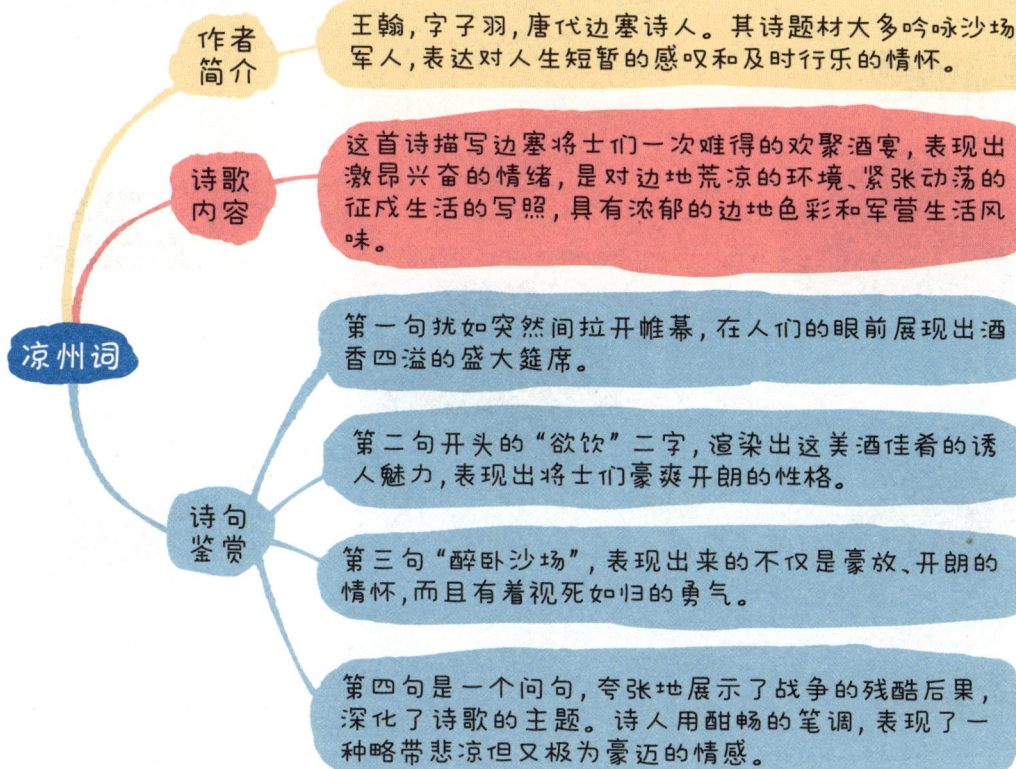

导图鉴赏

凉州词

- **作者简介** — 王翰,字子羽,唐代边塞诗人。其诗题材大多吟咏沙场军人,表达对人生短暂的感叹和及时行乐的情怀。

- **诗歌内容** — 这首诗描写边塞将士们一次难得的欢聚酒宴,表现出激昂兴奋的情绪,是对边地荒凉的环境、紧张动荡的征戍生活的写照,具有浓郁的边地色彩和军营生活风味。

- **诗句鉴赏**
  - 第一句犹如突然间拉开帷幕,在人们的眼前展现出酒香四溢的盛大筵席。
  - 第二句开头的"欲饮"二字,渲染出这美酒佳肴的诱人魅力,表现出将士们豪爽开朗的性格。
  - 第三句"醉卧沙场",表现出来的不仅是豪放、开朗的情怀,而且有着视死如归的勇气。
  - 第四句是一个问句,夸张地展示了战争的残酷后果,深化了诗歌的主题。诗人用酣畅的笔调,表现了一种略带悲凉但又极为豪迈的情感。

拓展训练

❶ 这首诗的作者是＿＿＿＿代著名的＿＿＿＿诗人＿＿＿＿＿＿。

❷ 这首诗描述的事情是(　　　)

　　A.边疆的将士奋勇杀敌,伤亡惨重。

　　B.边疆的将士在开怀痛饮,尽情酣醉。

　　C.边疆的将士贪图享乐,饮酒作乐。

❸ 判断下列说法的对错。对的画"√",错的画"×"。

　　(1)"欲饮琵琶马上催"的"欲"是"正要"的意思。(　　　)

　　(2)王翰和王之涣都是唐代诗人,他们写的《凉州词》都是边塞诗。(　　　)

　　(3)这首诗的最后一句是反问句,是千古名句,令人深思。(　　　)

　　(4)这首诗描写了将士们出征后的场面。(　　　)

出 塞

唐 / 王昌龄　七言绝句 / 边塞诗

导图识记

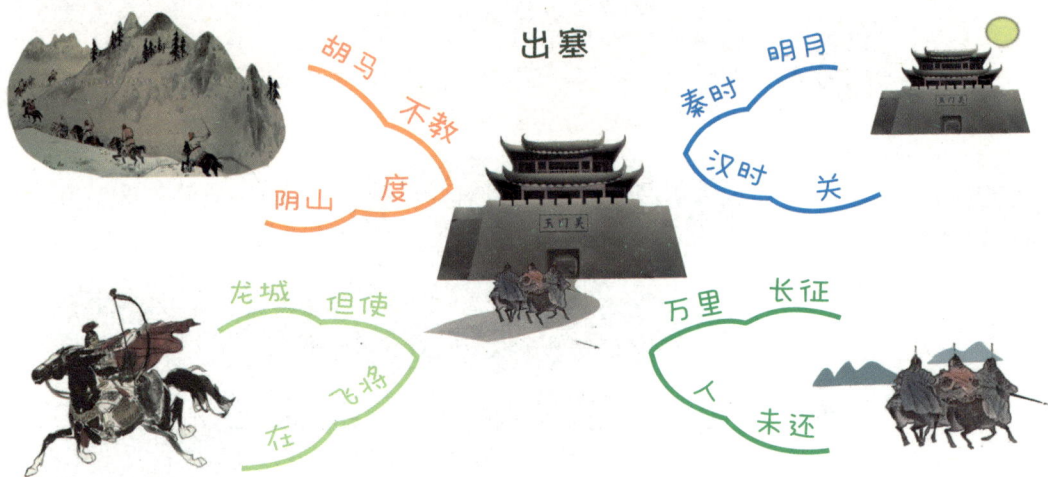

原诗注音

qín shí míng yuè hàn shí guān　　wàn lǐ cháng zhēng rén wèi huán
秦时明月汉时关，万里长 征人未还。

dàn shǐ　lóng chéng fēi jiàng　zài　　bú jiào　hú mǎ　dù　yīn shān
但使❶龙 城飞将❷在，不教❸胡马❹度❺阴山❻。

注释

❶ 但使：只要。

❷ 龙城飞将：汉朝名将李广。这里泛指英勇善
战的将领。

❸ 不教：不叫，不让。教，令、使。

❹ 胡马：指当时侵扰中原的北方游牧民族骑兵。

❺ 度：越过。

❻ 阴山：山名，位于今内蒙古中部及河北北部。

诗意

秦汉时期的明月和边关犹在，为国远征万里的人却杳无音信。只要英勇善战的名将还在，绝不会允许匈奴的兵马越过阴山。

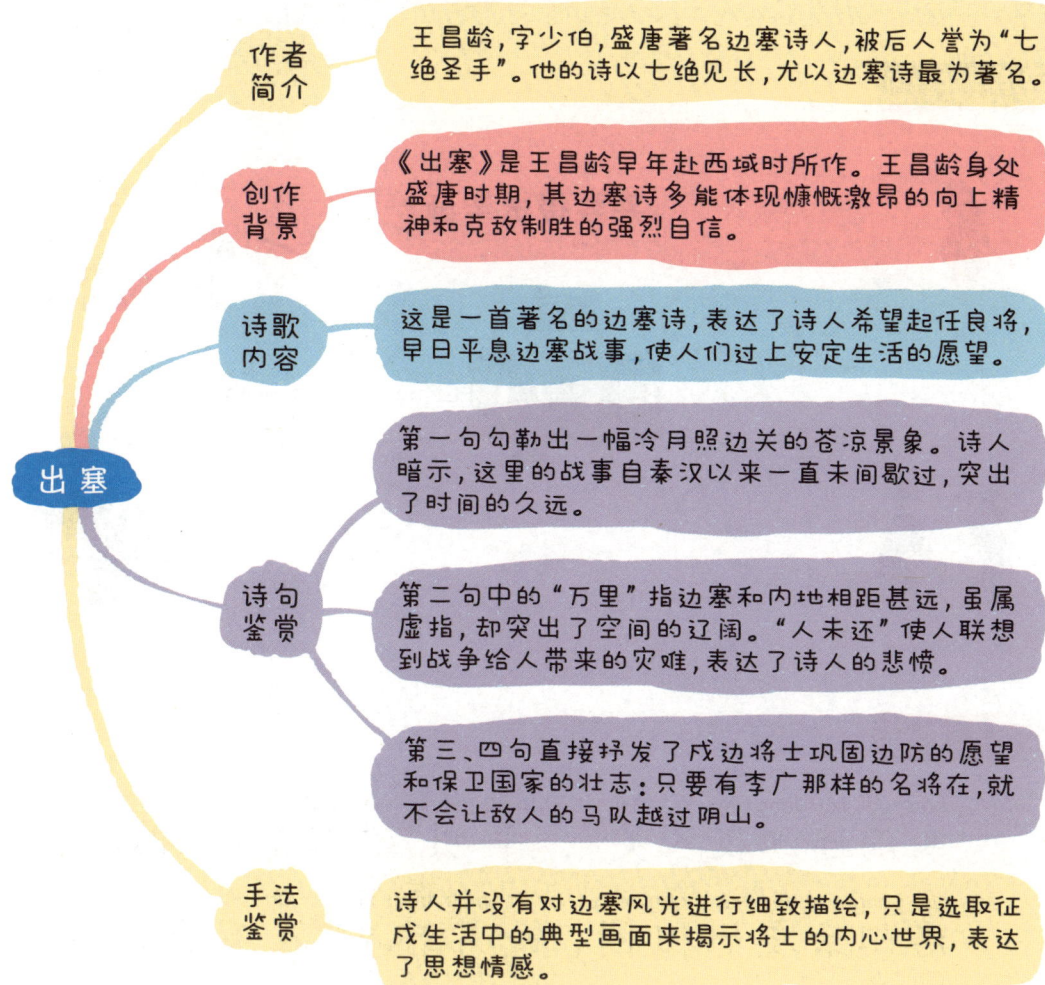

作者简介　王昌龄,字少伯,盛唐著名边塞诗人,被后人誉为"七绝圣手"。他的诗以七绝见长,尤以边塞诗最为著名。

创作背景　《出塞》是王昌龄早年赴西域时所作。王昌龄身处盛唐时期,其边塞诗多能体现慷慨激昂的向上精神和克敌制胜的强烈自信。

诗歌内容　这是一首著名的边塞诗,表达了诗人希望起任良将,早日平息边塞战事,使人们过上安定生活的愿望。

诗句鉴赏　第一句勾勒出一幅冷月照边关的苍凉景象。诗人暗示,这里的战事自秦汉以来一直未间歇过,突出了时间的久远。

第二句中的"万里"指边塞和内地相距甚远,虽属虚指,却突出了空间的辽阔。"人未还"使人联想到战争给人带来的灾难,表达了诗人的悲愤。

第三、四句直接抒发了戍边将士巩固边防的愿望和保卫国家的壮志:只要有李广那样的名将在,就不会让敌人的马队越过阴山。

手法鉴赏　诗人并没有对边塞风光进行细致描绘,只是选取征戍生活中的典型画面来揭示将士的内心世界,表达了思想情感。

出塞

拓展训练

❶ 这首诗的作者是＿＿＿＿代诗人＿＿＿＿＿＿。诗中的"龙城飞将"指的是＿＿＿＿＿＿,他是＿＿＿代名将,被世人称为"＿＿＿＿＿＿"。

❷ 写出下列加点字词的意思。

（1）但使龙城飞将在　　但使:＿＿＿＿＿＿

（2）不教胡马度阴山　　不教:＿＿＿＿＿＿　　度:＿＿＿＿＿＿

❸ 你知道"秦时明月汉时关"这句诗运用了什么修辞手法吗?

＿＿＿＿＿＿＿＿＿＿＿＿＿＿＿＿＿＿＿＿＿＿＿＿＿＿＿＿＿＿＿＿

芙蓉楼①送辛渐

唐／王昌龄　七言绝句／送别诗

导图识记

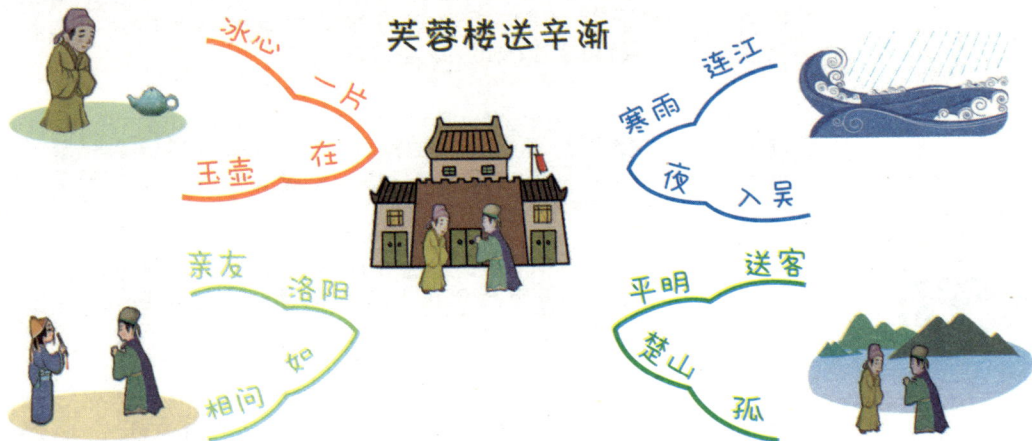

芙蓉楼送辛渐

冰心　一片　玉壶　在

亲友　洛阳　如　相问

寒雨　连江　夜　入吴

平明　送客　楚山　孤

原诗注音

hán yǔ lián jiāng yè rù wú
寒雨连江夜入吴②，

píng míng sòng kè chǔ shān gū
平明③送客楚山④孤。

luò yáng qīn yǒu rú xiāng wèn
洛阳亲友如相问，

yí piàn bīng xīn zài yù hú
一片冰心⑤在玉壶。

注释

① 芙蓉楼：故址在今江苏镇江北，下临长江。

② 吴：镇江在古代曾属于吴地。

③ 平明：天刚亮。

④ 楚山：泛指长江中下游北岸的山。

⑤ 冰心：像冰一样晶莹、纯洁的心。

诗意

冷雨洒满江面的夜晚，我来到吴地，天明送走好友，只留下楚山的孤影。洛阳的亲朋好友如果向您打听我的情况，就请转告他们，我的心依然像玉壶里的冰一样纯洁。

创作背景

此诗大约作于天宝元年(742),王昌龄当时为江宁县丞。辛渐是王昌龄的朋友。这首诗是他们在江边分别时所写。

诗歌内容

这是一首送别诗,既有对友人的深切眷恋,又表现出诗人志趣的高洁。

芙蓉楼送辛渐

诗句鉴赏

第一句写迷蒙的烟雨笼罩着吴地江天,织成了一张无边无际的愁网。夜雨增添了萧瑟的秋意,也渲染出了离别的黯淡气氛。

第二句写清晨天色已明,辛渐即将登舟北归。诗人遥望江北的远山,想到友人不久便将隐没在楚山之外,孤寂之感油然而生。

第三、四句写诗人以从清澈无瑕的玉壶中捧出一颗晶亮纯洁的冰心来告慰友人,这比任何其他言辞都更能表达他对洛阳亲友的深情。

拓展训练

❶ 诗人送别的朋友是_____,两人分别的时间是在_____,地点是在_____,友人要去的地方是_____。

❷ 根据意思写出诗句。

(1)冷雨洒满江面的夜晚,我来到吴地,天明送走好友,只留下楚山的孤影。

_____

(2)洛阳的亲朋好友如果向您打听我的情况,就请转告他们,我的心依然像玉壶里的冰一样纯洁。

_____

❸ 请你再写出一首古代的送别诗。

_____

_____

鹿 柴[1]

唐／王维　五言绝句／写景诗

导图识记

鹿柴

复照 上 青苔

空山 不见 人

返景 入 深林

但闻 人语 响

原诗注音

kōng shān bú jiàn rén
空 山 不 见 人，

dàn wén rén yǔ xiǎng
但[2] 闻[3] 人 语 响。

fǎn jǐng rù shēn lín
返 景[4] 入 深 林，

fù zhào qīng tái shàng
复[5] 照 青 苔 上。

注释

❶ 鹿柴：地名。"柴"读zhài，同"寨"，栅栏。

❷ 但：只。

❸ 闻：听见。

❹ 返景：夕阳，傍晚的阳光。

❺ 复：又。

诗意

幽静的山谷里看不见人，只能听到说话的声音。落日的影子映入了深林，又照在幽暗处的青苔上。

作者简介

王维，字摩诘，是盛唐诗人的代表。苏轼评价其诗画："味摩诘之诗，诗中有画；观摩诘之画，画中有诗。"王维的诗歌创作受禅宗影响很大，他有"诗佛"之称，与孟浩然合称"王孟"。

鹿柴

创作背景

王维在终南山下购置辋川别业，传辋川有胜景二十处，鹿柴是其中之一。王维和他的好友裴迪一起作诗，编为《辋川集》，这首诗是其中的一首。

诗歌内容

这首诗描绘的是鹿柴附近的空山深林在傍晚时分的幽静景色，创造了一种幽深而光明的象征性境界，表现了诗人豁然开朗的感受。

手法鉴赏

本诗的绝妙之处在于以动衬静，以局部写全局，清新自然，毫不做作。落笔先写空山杳无人迹，接着以"但闻"一转，引出"人语响"来。空谷传音，愈见其空；人语过后，愈添空寂。

拓展训练

❶ 这首诗写的是_____时分的幽静景色。

❷ 给下面的加点字选择正确的意思。（填序号）

（1）但闻人语响（　　）A.用鼻子闻味　　B.用耳朵听见　　C.用眼睛看见

（2）复照青苔上（　　）A.又　　　　　　B.反复　　　　　C.恢复

（3）空山不见人（　　）A.没有任何东西　B.空旷　　C.白白地，徒劳地

❸ 判断下列说法的对错。对的画"√"，错的画"×"。

（1）这首诗描绘了山林的幽静，写出了诗人在山林深处寂寞凄凉的悲苦感觉。（　　）

（2）这是一首写景诗，描绘了鹿柴附近的空山深林的幽静景色，表达了诗人对大自然的热爱。（　　）

送元二使安西[1]

唐 / 王维　七言绝句 / 送别诗

导图识记

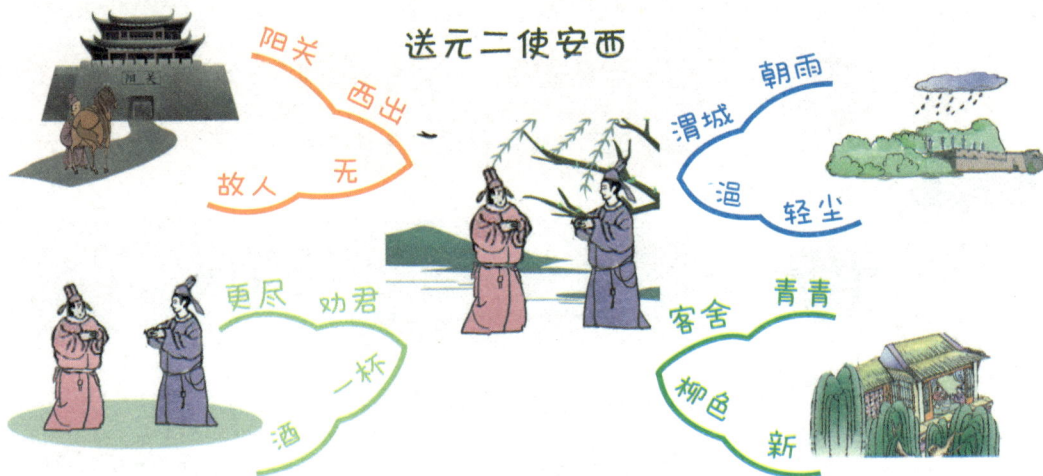

原诗注音

wèi chéng zhāo yǔ yì qīng chén
渭城 朝雨浥[2]轻尘，

kè shè qīng qīng liǔ sè xīn
客舍[3]青青柳色[4]新。

quàn jūn gèng jìn yì bēi jiǔ
劝君更[5]尽[6]一杯酒，

xī chū yáng guān wú gù rén
西出阳关无故人。

注释

[1] 安西：指唐代安西都护府。

[2] 浥：湿润，沾湿。

[3] 客舍：旅馆。

[4] 柳色：柳叶繁茂的翠色。

[5] 更：再。

[6] 尽：完，全。这里指喝光。

诗意

清晨的细雨打湿了渭城的浮尘，旅店和周围的柳树都显得格外清新。请您再饮一杯离别的酒吧，因为您离开阳关之后，在那里就见不到老朋友了。

创作背景

此诗是王维送朋友去西北边疆时作的诗,后由乐人谱曲,名为"阳关三叠"。元二奉命出使安西都护府,王维到渭城为之饯行,写下了这首诗。

送元二使安西

诗歌内容

老友即将远行,去那满地黄沙的遥远边疆。此时一别,不知何日才能再见。千言万语无从说起,能说出口的只有一句:喝下这杯离别的酒吧!

诗句鉴赏

诗的前两句明写春景,暗寓离别。其中不仅"柳"与"留"谐音,是离别的象征;"轻尘""客舍"也都暗示了"旅行",巧妙地点出了送别的时间、地点和环境。

后两句点明了主题——以酒饯别,诗人借分别时的劝酒表达对友人深厚的情意。

拓展训练

❶这是一首送别诗,作者是 _____ 代诗人_____。他送别朋友_____ 从_____去_____。

❷写出下列加点字词的意思。

（1）渭城朝雨浥轻尘　　　　　浥:_____

（2）客舍青青柳色新　　　　　客舍:_____

（3）劝君更尽一杯酒　　　　　更:_____

❸用"/"给这首诗划分朗读节奏。

渭城朝雨浥轻尘,客舍青青柳色新。

劝君更尽一杯酒,西出阳关无故人。

❹填一填。

青山一道同云雨,_____。——王昌龄

九月九日①忆②山东③兄弟

唐 / 王维　七言绝句 / 思乡诗

导图识记

九月九日忆山东兄弟

独在 异乡　为 异客

茱萸 遍插　一人 少

兄弟 遥知　登 高处

每逢 佳节　倍 思亲

原诗注音

dú zài yì xiāng wéi yì kè
独在异乡④为异客，

měi féng jiā jié bèi sī qīn
每逢佳节倍思亲。

yáo zhī xiōng dì dēng gāo chù
遥知兄弟登高⑤处，

biàn chā zhū yú shǎo yì rén
遍插茱萸⑥少一人。

注释

① 九月九日：指农历九月初九重阳节。

② 忆：想念。

③ 山东：此处指华山以东。

④ 异乡：他乡，外乡。

⑤ 登高：重阳节有登高的习俗。

⑥ 茱萸：一种有香气的植物，古人在重阳节有插戴茱萸的习俗。

诗意

一个人独自在他乡作客，每逢重阳佳节便加倍思念远方的亲人。远远想到兄弟们今日登高望远时，头上插满茱萸，只少我一人。

导图鉴赏

九月九日忆山东兄弟

创作背景
此诗是王维约十七岁时写下的。王维当时独自一人漂泊在洛阳与长安之间。他是蒲州(今山西永济)人,蒲州在华山东面,所以称故乡的兄弟为"山东兄弟"。

诗句鉴赏
第一句写出了诗人在异乡的孤独之感。诗人在短短的一句诗中用了一个"独"、两个"异"字,可见诗人内心强烈的异地作客之感。

第二句写诗人只身客居异地,在节日里不禁想到了家乡的人和事、山和水等,种种回忆触发了诗人无限的思乡之情。

第三、四句,诗人直抒胸臆,写自己对亲人团聚的联想,遥想兄弟们重阳佳节登上高山,插戴茱萸、思念自己的情形。

手法鉴赏
诗人没有明写自己离开亲人,而是借助于想象兄弟们重阳登高而唯独少他一人,反衬出诗人独自在外的孤寂,把佳节思亲之情表达得更加真挚。

拓展训练

❶ 选择正确的答案填在( )中。

(1)农历九月初九是( )节。

　A.端午　　　　　　　B.清明　　　　　　　C.重阳

(2)这首诗中的"山东"是指( )

　A.山东省　　　　　　B.华山以东　　　　　C.山的东面

(3)这首诗中的"异乡"是指( )

　A.山东　　　　　　　B.他乡,外乡　　　　C.不同的家乡

❷ 写出下列加点字的意思。

(1)九月九日忆山东兄弟　　　忆:＿＿＿＿＿＿＿＿

(2)独在异乡为异客　　　　　独:＿＿＿＿＿＿＿＿

(3)每逢佳节倍思亲　　　　　倍:＿＿＿＿＿＿＿＿

❸ 填一填。

＿＿＿＿＿＿＿＿＿＿,还应说着远行人。——白居易

静 夜 思①

唐／李白　五言绝句／思乡诗

导图识记

静夜思

低头 思 故乡

床前 明月 光

举头 望 明月

疑是 地上 霜

原诗注音

chuáng qián míng yuè guāng
床 前 明 月 光 ，

yí shì dì shàng shuāng
疑②是 地 上 霜 。

jǔ tóu wàng míng yuè
举 头③望 明 月 ，

dī tóu sī gù xiāng
低 头 思 故 乡 。

注释

① 静夜思：安静的夜晚产生的思绪。

② 疑：疑心。这里是好像的意思。

③ 举头：抬头。

诗意

床前透进月光，银白的月光洒在地面上，好像一层白霜。抬头看见空中的明月，低头后更加思念自己的家乡。

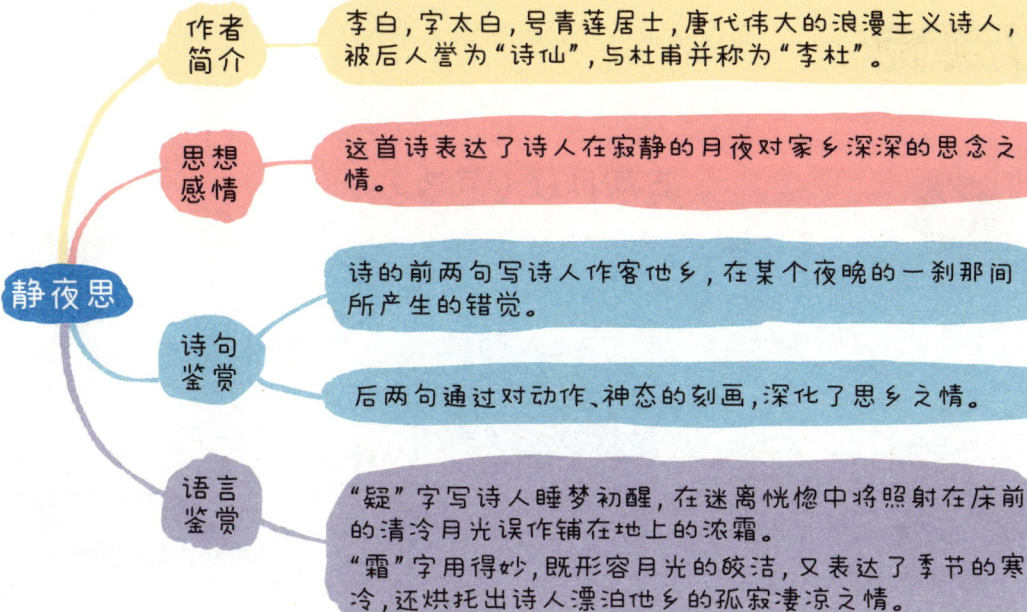

作者简介 李白,字太白,号青莲居士,唐代伟大的浪漫主义诗人,被后人誉为"诗仙",与杜甫并称为"李杜"。

思想感情 这首诗表达了诗人在寂静的月夜对家乡深深的思念之情。

静夜思

诗句鉴赏 诗的前两句写诗人作客他乡,在某个夜晚的一刹那间所产生的错觉。

后两句通过对动作、神态的刻画,深化了思乡之情。

语言鉴赏 "疑"字写诗人睡梦初醒,在迷离恍惚中将照射在床前的清冷月光误作铺在地上的浓霜。
"霜"字用得妙,既形容月光的皎洁,又表达了季节的寒冷,还烘托出诗人漂泊他乡的孤寂凄凉之情。

拓展训练

❶ 这首诗的作者是＿＿＿＿＿,他是＿＿＿＿代诗人,被人们称为"＿＿＿＿＿＿"。

❷ 判断下列说法的对错。对的画"√",错的画"×"。

（1）《静夜思》是一首五言诗。（   ）

（2）这首诗主要表达了诗人对洁白月光的喜爱之情。（   ）

❸ 默写这首诗并用"／"给诗句划分朗读节奏。

＿＿＿＿＿＿＿＿＿＿＿＿＿＿＿＿＿＿＿＿＿＿＿＿＿＿＿＿＿＿＿＿

＿＿＿＿＿＿＿＿＿＿＿＿＿＿＿＿＿＿＿＿＿＿＿＿＿＿＿＿＿＿＿＿

❹ 请你再写出一首思念家乡的诗吧!

＿＿＿＿＿＿＿＿＿＿＿＿＿＿＿＿＿＿＿＿＿＿＿＿＿＿＿＿＿＿＿＿

＿＿＿＿＿＿＿＿＿＿＿＿＿＿＿＿＿＿＿＿＿＿＿＿＿＿＿＿＿＿＿＿

古朗月行（节选）

唐／李白　五言诗／咏物诗

导图识记

古朗月行（节选）

飞在　青云　端

小时　不识　月

又疑　瑶台　镜

呼作　白玉　盘

原诗注音

xiǎo shí bù shí yuè　　hū zuò　bái yù pán
小时不识月，呼作①白玉盘②。

yòu yí　yáo tái　jìng　　fēi zài qīng yún duān
又疑③瑶台④镜，飞在青云端。

注释

① 呼作：称为。

② 白玉盘：晶莹剔透的白盘子。

③ 疑：怀疑。

④ 瑶台：传说中神仙居住的地方。

诗意

小的时候不知道月亮是什么，把它叫作白玉盘。又怀疑它是瑶台里的一面镜子，飞到了云彩的顶端。

题目解读 "朗月行",是乐府古题,属《杂曲歌辞》。鲍照有《朗月行》,写佳人对月弦歌。李白采用这个题目,所以称"古朗月行"。

诗歌内容 诗人运用浪漫主义的创作方法,通过丰富的想象和对神话传说的巧妙加工,以及强烈的抒情,构成瑰丽神奇的艺术形象。

古朗月行（节选）

手法鉴赏 以"白玉盘""瑶台镜"作比喻,生动地表现出月亮的形状和月光的皎洁可爱,使人感到非常新颖有趣。

语言鉴赏 "呼""疑"这两个动词,传达出儿童的天真烂漫。

拓展训练

❶ 这首诗的作者是＿＿＿＿＿＿,与杜甫并称"＿＿＿＿＿＿"。

❷ 在这首诗中,诗人把圆圆的月亮比作＿＿＿＿＿＿和＿＿＿＿＿＿。

❸ 这首诗一共有16句,你能抄一抄或默写下来吗?

＿＿＿＿＿＿＿＿＿＿＿＿＿＿＿＿＿＿＿＿＿＿＿＿

＿＿＿＿＿＿＿＿＿＿＿＿＿＿＿＿＿＿＿＿＿＿＿＿

＿＿＿＿＿＿＿＿＿＿＿＿＿＿＿＿＿＿＿＿＿＿＿＿

❹ 月亮挂在夜空中,引发了诗人丰富的想象,你还能写出几句写月亮的诗歌吗?

＿＿＿＿＿＿＿＿＿＿＿＿＿＿＿＿＿＿＿＿＿＿＿＿

＿＿＿＿＿＿＿＿＿＿＿＿＿＿＿＿＿＿＿＿＿＿＿＿

望庐山瀑布

唐/李白 七言绝句/写景诗

导图识记

望庐山瀑布

银河 疑是
九天 落

日照 香炉
生 紫烟

直下 飞流
尺 三千

遥看 瀑布
挂 前川

原诗注音

rì zhào xiāng lú shēng zǐ yān　　yáo kàn　pù bù guà　qián chuān
日照香炉生紫烟❶，遥看❷瀑布挂❸前川❹。

fēi liú zhí　xià sān qiān chǐ　　yí　shì yín hé luò jiǔ tiān
飞流直❺下三千尺❻，疑❼是银河落九天。

注释

❶ 紫烟：指日光透过云雾，远望如紫色的烟云。

❷ 遥看：从远处看。

❸ 挂：悬挂。

❹ 川：河流，这里指瀑布。

❺ 直：笔直。

❻ 三千尺：形容山高。这里是夸张的说法。

❼ 疑：怀疑。

诗意

太阳照射的香炉峰生起紫色烟雾，远远看去瀑布像匹白练挂在山前。水流从数千尺的高处直泻而下，让人怀疑是璀璨的银河水落自九天。

诗歌内容：这首诗形象地描绘了庐山瀑布雄奇壮丽的景色，表达了诗人对祖国大好河山的无限热爱。

诗句鉴赏：
前两句从大处着笔，概写望之全景：山顶紫烟缭绕，山间白练悬挂，山下激流奔腾，构成绚丽壮美的图景。

后两句写巍巍香炉峰藏在云烟雾霭之中，瀑布就如从云端飞流直下，临空而落，这就让人自然地联想到像是一条银河从天而降。

语言鉴赏：
这首诗语言生动形象、洗练明快。
"生"字把烟云冉冉上升的景象写活了，设置了雄奇的背景，也为下文直接描写瀑布渲染了气氛。
"挂"字化动为静，惟妙惟肖地写出遥望中的瀑布的状态。
"飞"字，把瀑布喷涌而出的景象描绘得极为生动。
"直下"，既写出山之高峻陡峭，又写出水流之急，瀑布那高空直落、势不可当之状如在眼前。

望庐山瀑布

手法鉴赏：这首诗极其成功地运用了比喻、夸张和想象等手法，构思奇特。

拓展训练

❶ 判断下列说法的对错。对的画"√"，错的画"×"。
（1）这是一首五言绝句，作者是李白。（　　　）
（2）"飞流直下三千尺"是夸张，并不是说瀑布的高度正好是三千尺。（　　　）
（3）"疑是银河落九天"中的"疑"是怀疑的意思。（　　　）

❷ 默写这首诗并用"╱"给诗句划分朗读节奏。

_____

_____

❸ "飞流直下三千尺，疑是银河落九天"这两句诗是什么意思？

_____

❹ 填一填。
君不见高堂明镜悲白发，_____。——李白

赠汪伦①

唐／李白　七言绝句／留别诗

导图识记

赠汪伦

李白 乘舟
将 欲行

汪伦 不及
我情 送

潭水 桃花
深
千尺

忽闻 岸上
踏
歌声

原诗注音

lǐ bái chéng zhōu jiāng yù xíng
李白乘舟将欲行，

hū wén àn shàng tà gē② shēng
忽闻岸上踏歌②声。

táo huā tán shuǐ shēn qiān chǐ
桃花潭水深千尺③，

bù jí wāng lún sòng wǒ qíng
不及④汪伦送我情。

注释

① 汪伦：李白的朋友。

② 踏歌：唐代民间流行的一种手拉手、两足踏地为节拍的歌舞形式，可以边走边唱。

③ 深千尺：诗人用潭水深千尺比喻汪伦与他的友情，运用了夸张的手法。

④ 不及：比不上。及，比得上。

诗意

李白坐上船刚要出发远行，忽然听到岸上传来用脚打节拍唱歌的声音。桃花潭的水纵然有千尺深，也比不上汪伦来送别我的一片深情。

创作背景
此诗是诗人自秋浦往游泾县(今属安徽)桃花潭时所作。诗人游桃花潭时,与汪伦结下深厚的友谊。

诗歌内容
这首送别诗描写了诗人乘船将要离开,汪伦赶来送行的情景,写出了汪伦对诗人那种朴实、真诚的感情,表现了两人之间深厚的友谊。

赠汪伦

语言鉴赏
前两句描写的是送别的场面,表现出乘兴而来、兴尽而返的潇洒神态。"忽闻"二字表明汪伦的到来确实是不期而至的,侧面表现出诗人和汪伦同是不拘俗礼、快乐自由的人。

第三句中"深千尺"既描绘了潭水的特点,又为结句伏笔。第四句中"不及"二字将两件不相干的事物联系在一起,用"深千尺"的桃花潭水作参照,把无形的情谊化为有形,既形象生动,又耐人寻味。

拓展训练

❶《赠汪伦》是唐代大诗人李白于泾县游历桃花潭时写给当地好友_____的一首留别诗。

❷ 写出下列加点字的意思。

(1)李白乘舟将欲行　　　　欲:_____

(2)不及汪伦送我情　　　　及:_____

❸ 这首诗中表达朋友间深情厚谊的句子是_____,
_____。

❹ 这首诗的后两句是"_____"(表现手法),进一步说明送别的地点在桃花潭。"_____"既描绘了潭的特点,又为结尾一句的抒情埋下了伏笔。

❺ 填一填。

_____,缘愁似个长。——李白

黄鹤楼送孟浩然之①广陵

唐／李白　七言绝句／送别诗

导图识记

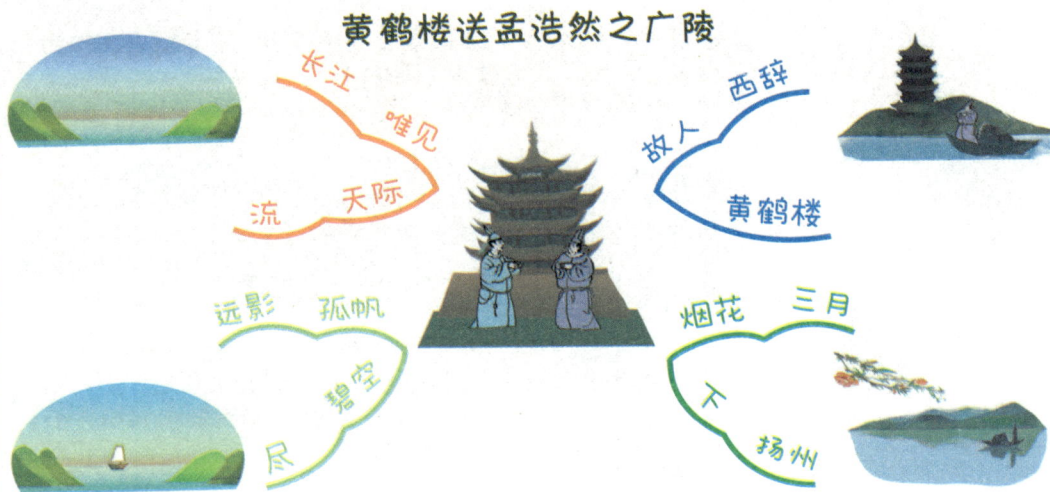

黄鹤楼送孟浩然之广陵

长江　唯见　流　天际

故人　西辞　黄鹤楼

远影　孤帆　碧空　尽

烟花　三月　下　扬州

原诗注音

gù rén xī cí huáng hè lóu yān huā sān yuè xià yáng zhōu
故人②西辞③黄鹤楼，烟花④三月下扬州。

gū fān yuǎn yǐng bì kōng jìn wéi jiàn cháng jiāng tiān jì liú
孤帆远影碧空尽⑤，唯见⑥长江天际流⑦。

注释

① 之：往，到。

② 故人：老朋友，这里指孟浩然。

③ 辞：辞别。

④ 烟花：形容柳絮如烟、鲜花似锦的春天景物，指艳丽的春景。

⑤ 碧空尽：消失在碧空中。尽，消失。

⑥ 唯见：只看见。

⑦ 天际流：流向天边。天际，天边，天的尽头。

诗意

老朋友离开西边的黄鹤楼，在阳春三月顺流东下去往扬州。渐渐远去的孤帆在碧空中消失，只看见浩浩荡荡的长江在天边奔流。

诗歌
内容 —— 这是一首送别诗,表达了诗人对即将分别的友人的依依不舍之情。

黄鹤楼送
孟浩然之
广陵

诗句
鉴赏

第一句紧扣题旨,点明送行的地点及诗人与被送者的关系。第二句写送行的时令与被送者要去的地方。

后两句写诗人一直把朋友送上船,船已经扬帆而去,而他还在江边目送远去的风帆,一直到帆影逐渐模糊,消失在碧空的尽头。可见诗人目送时间之长,也说明他对朋友的一片深情。

语言
鉴赏

"辞""下""尽""流",从不同角度(行者与相送者)表现了时间上的顺承关系,给人以流动之感,加上动词自身给诗句带来的动势,使全诗雄浑壮阔,呈现出一种高远的意境。

拓展训练

❶ 这首诗的作者是_____代诗人_____。诗中所写送别的时间是_____,地点是_____,朋友要去的地方是_____。

❷ 写出下列加点字的意思。

（1）黄鹤楼送孟浩然之广陵　　之:_____

（2）故人西辞黄鹤楼　　　　　辞:_____

（3）孤帆远影碧空尽　　　　　尽:_____

❸ 这首诗中叙事的诗句是"_____,_____",写景的诗句是"_____,_____"。

❹ 用"/"给诗句划分朗读节奏。

故人西辞黄鹤楼,烟花三月下扬州。

孤帆远影碧空尽,唯见长江天际流。

早发[1]白帝城

唐 / 李白　七言绝句 / 写景诗

导图识记

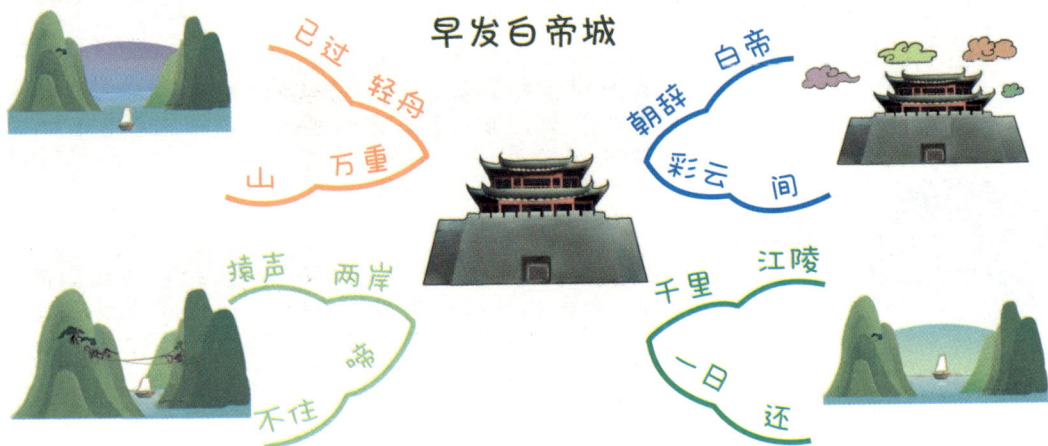

早发白帝城

已过 轻舟
山 万重

朝辞 白帝
彩云 间

猿声 两岸
啼
不住

千里 江陵
一日 还

原诗注音

zhāo cí bái dì cǎi yún jiān

朝[2]辞[3]白帝彩云间，

qiān lǐ jiāng líng yí rì huán

千里江陵一日还[4]。

liǎng àn yuán shēng tí bú zhù

两岸猿声啼[5]不住[6]，

qīng zhōu yǐ guò wàn chóng shān

轻舟已过万重山[7]。

注释

[1] 发：启程，出发。

[2] 朝：早晨。

[3] 辞：告别。

[4] 还：归，返回。

[5] 啼：鸣，叫。

[6] 住：停息。

[7] 万重山：层层叠叠的山，形容山之多。

诗意

清晨告别五彩云霞映照中的白帝城，千里之遥的江陵一天就可以到达。两岸的猿声还在耳边不停地回荡，轻快的小舟已驶过万重青山。

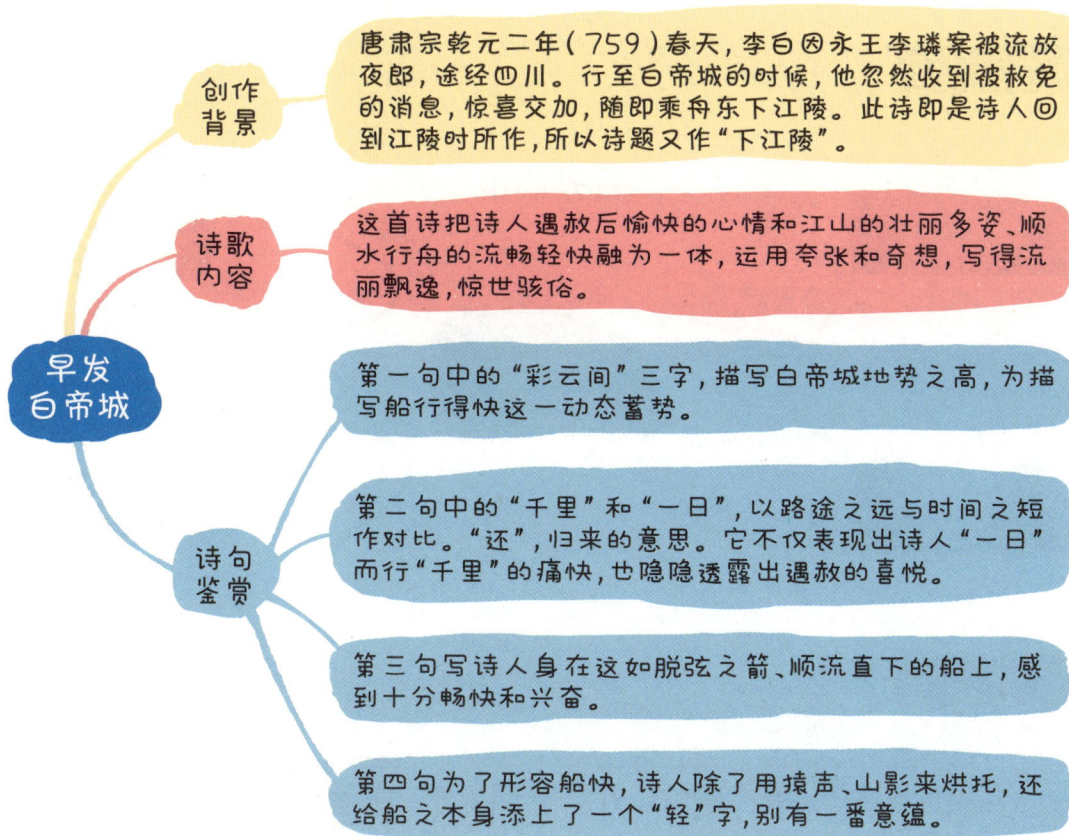

创作背景　唐肃宗乾元二年（759）春天，李白因永王李璘案被流放夜郎，途经四川。行至白帝城的时候，他忽然收到被赦免的消息，惊喜交加，随即乘舟东下江陵。此诗即是诗人回到江陵时所作，所以诗题又作"下江陵"。

诗歌内容　这首诗把诗人遇赦后愉快的心情和江山的壮丽多姿、顺水行舟的流畅轻快融为一体，运用夸张和奇想，写得流丽飘逸，惊世骇俗。

早发白帝城

诗句鉴赏

第一句中的"彩云间"三字，描写白帝城地势之高，为描写船行得快这一动态蓄势。

第二句中的"千里"和"一日"，以路途之远与时间之短作对比。"还"，归来的意思。它不仅表现出诗人"一日"而行"千里"的痛快，也隐隐透露出遇赦的喜悦。

第三句写诗人身在这如脱弦之箭、顺流直下的船上，感到十分畅快和兴奋。

第四句为了形容船快，诗人除了用猿声、山影来烘托，还给船之本身添上了一个"轻"字，别有一番意蕴。

拓展训练

❶ 从第一句中的"朝"字，可以看出诗人离开白帝城的时间是＿＿＿＿＿＿。

❷ 写出下列加点字的意思。

（1）早发白帝城　　　　　　发：＿＿＿＿＿＿＿＿＿＿

（2）朝辞白帝彩云间　　　　辞：＿＿＿＿＿＿＿＿＿＿

（3）两岸猿声啼不住　　　　住：＿＿＿＿＿＿＿＿＿＿

❸ 这首诗中，诗人的心情是（　　）的。

　A.轻松愉快　　　　　B.着急焦虑　　　　　C.恋恋不舍

❹ 这首诗中直接体现船快的诗句是"＿＿＿＿＿＿＿"和"＿＿＿＿＿＿＿"。

望天门山

唐／李白　七言绝句／写景诗

导图识记

望天门山

一片 孤帆 来 日边
青山 两岸 相对 出
天门 中断 楚江 开
碧水 东流 至此 回

原诗注音

tiān mén zhōng duàn　chǔ jiāng kāi
天门中断❶楚江开❷，

bì shuǐ dōng liú zhì cǐ huí
碧水东流至此回❸。

liǎng àn qīng shān xiāng duì chū
两岸青山相对出❹，

gū fān yí piàn rì biān lái
孤帆一片日边来❺。

注释

❶ 中断：江水从中间隔断两山。

❷ 开：劈开，断开。

❸ 回：回旋，回转。

❹ 出：突出，出现。

❺ 日边来：指孤舟从天水相接处的远方驶来，远远望去，仿佛来自日边。

诗意

长江犹如巨斧，劈开天门雄峰，碧绿的江水东流到此，回旋澎湃。两岸高耸的青山隔着长江相峙而立，一只小船从太阳升起的地方悠悠驶来。

诗歌内容：这首诗通过对天门山景象的描述，赞美了大自然的神奇壮丽，表达了诗人初出巴蜀时乐观豪迈的感情，展示了诗人自由洒脱、无拘无束的精神风貌。

望天门山

诗句鉴赏：首句紧扣题目，总写天门山，写出浩荡东流的楚江冲破天门山奔腾而去的壮阔气势；然后着重写由于两山夹峙，浩阔的长江流经两山间的狭窄通道时，激起回旋，形成波涛汹涌的奇观。

第三、四句是一个不可分割的整体。第三句写天门两岸山的雄姿，第四句写长江江面的远景，点明"望"的立足点，表现诗人的兴致。

语言鉴赏：一个"回"字，既写出了长江到天门山处江水曲折回荡、漩涡丛生的奇险和壮美，又凸显了天门山一段江水流向的变化。
一个"出"字，出神入化，化静为动，令人感到天门山生机盎然，更增添了画面的动态美感，表达出诗人喜悦的情感。

拓展训练

❶写出下列加点字的意思。

（1）天门中断楚江开　　　　开：＿＿＿＿＿＿＿

（2）碧水东流至此回　　　　回：＿＿＿＿＿＿＿

（3）两岸青山相对出　　　　出：＿＿＿＿＿＿＿

❷默写这首诗并用"/"给诗句划分朗读节奏。

＿＿＿＿＿＿＿＿＿＿＿＿＿＿＿＿＿＿＿＿＿＿＿＿＿＿＿＿

＿＿＿＿＿＿＿＿＿＿＿＿＿＿＿＿＿＿＿＿＿＿＿＿＿＿＿＿

❸"两岸青山相对出，孤帆一片日边来"这两句诗描绘了怎样的画面？

＿＿＿＿＿＿＿＿＿＿＿＿＿＿＿＿＿＿＿＿＿＿＿＿＿＿＿＿

别董大^①

唐/高适 七言绝句/送别诗

导图识记

别董大

原诗注音

qiān lǐ huáng yún bái rì xūn
千里黄云②白日曛③，

běi fēng chuī yàn xuě fēn fēn
北风吹雁雪纷纷。

mò chóu qián lù wú zhī jǐ
莫愁前路无知己，

tiān xià shuí rén bù shí jūn
天下谁人④不识君⑤？

注释

① 董大：指董庭兰，是当时有名的音乐家，在其兄弟中排序第一，故称"董大"。

② 黄云：天上的乌云，在阳光下，乌云是暗黄色的，所以叫黄云。

③ 白日曛：太阳黯淡无光。曛，昏暗。

④ 谁人：哪个人。

⑤ 君：你，这里指董大。

诗意

漫天的黄云遮蔽天空，连白日也失去了光彩。北风阵阵，雪花纷飞，大雁在风雪中南飞。不要忧虑前面的路上遇不到知心的朋友，天下的人有谁不知道您呢？

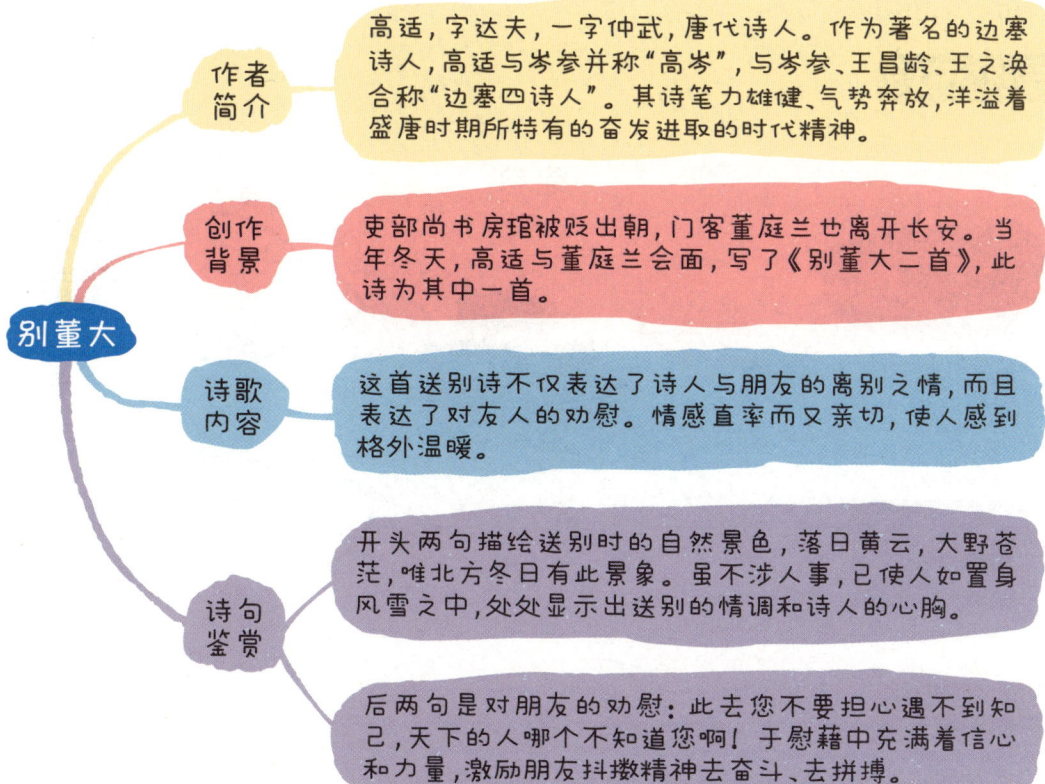

作者简介：高适，字达夫，一字仲武，唐代诗人。作为著名的边塞诗人，高适与岑参并称"高岑"，与岑参、王昌龄、王之涣合称"边塞四诗人"。其诗笔力雄健、气势奔放，洋溢着盛唐时期所特有的奋发进取的时代精神。

创作背景：吏部尚书房琯被贬出朝，门客董庭兰也离开长安。当年冬天，高适与董庭兰会面，写了《别董大二首》，此诗为其中一首。

别董大

诗歌内容：这首送别诗不仅表达了诗人与朋友的离别之情，而且表达了对友人的劝慰。情感直率而又亲切，使人感到格外温暖。

诗句鉴赏：开头两句描绘送别时的自然景色，落日黄云，大野苍茫，唯北方冬日有此景象。虽不涉人事，已使人如置身风雪之中，处处显示出送别的情调和诗人的心胸。

后两句是对朋友的劝慰：此去您不要担心遇不到知己，天下的人哪个不知道您啊！于慰藉中充满着信心和力量，激励朋友抖擞精神去奋斗、去拼搏。

拓展训练

❶ 这首诗的作者是_____，与岑参并称为"_____"，与岑参、_____、_____合称为"边塞四诗人"。

❷ 这首诗中描写离别时的景物有_____、_____、_____、_____、_____。

❸ 这首诗的前两句"千里黄云白日曛，_____"描绘了怎样的画面？

_____

❹ 这首诗的后两句"莫愁前路无知己，_____"表达了诗人怎样的思想感情？

_____

绝句（其一）

唐／杜甫　七言绝句／写景诗

导图识记

绝句

东吴　门泊
船　万里

两个　黄鹂
鸣　翠柳

西岭　窗含
雪　千秋

一行　白鹭
上　青天

原诗注音

liǎng gè huáng lí míng cuì liǔ　　yì háng bái lù shàng qīng tiān
两个黄鹂鸣翠柳，一行白鹭上青天。

chuāng hán xī lǐng qiān qiū xuě　　mén bó dōng wú wàn lǐ chuán
窗含西岭①千秋雪②，门泊③东吴④万里船⑤。

注释

① 西岭：西岭雪山。

② 千秋雪：指西岭雪山上千年不化的积雪。

③ 泊：停泊。

④ 东吴：古时吴国的领地。今江苏省一带。

⑤ 万里船：不远万里开来的船只。

诗意

两只黄鹂在翠绿的柳树间鸣叫，一行白鹭直冲向蔚蓝的天空。坐在窗前可以看见西岭千年不化的积雪，门口停泊着不远万里从东吴开来的船。

作者简介 杜甫,字子美,自号少陵野老,世称"杜工部""杜少陵"等,唐代伟大的现实主义诗人。被世人尊为"诗圣",其诗被称为"诗史"。他与李白合称"李杜"。

创作背景 安史之乱平定后,杜甫回到成都草堂。面对一派生机勃勃的景象,他情不自禁,写下了一组(四首)即景小诗。这首诗是其中的一首。

诗歌内容 这首诗通过对大地回春时景象的描写,表现了诗人对春天的无限热爱和悠然自得的情怀,寄托了诗人浓厚而美好的生活情趣和对自然万物的无限深情。

绝句

诗句鉴赏 前两句从富有生机的自然美景切入,营造出清新的情调氛围:早春时节,嫩芽初发的柳枝上,成双成对的黄鹂在欢唱;晴空万里,一碧如洗,白鹭在天际飞翔。

第三句写凭窗远眺西山雪岭。第四句写从门外可以见到停泊在江岸边的船只。"万里船"三字意味深长,因为多年战乱,水路交通为兵戈阻绝,而战乱平定后,交通恢复,才能看到来自东吴的船只。

语言鉴赏 全诗对仗工整,着色鲜丽,动静结合,声形兼具,如同一幅咫尺万里的山水画卷。

拓展训练

❶这首诗描绘了_____、_____、_____、_____、_____、_____六种景物。诗中描写颜色的词是_____,描写声音的词是_____。描写动态的两句诗是_____,描写静态的两句诗是_____。

❷默写这首诗并用"/"给诗句划分朗读节奏。

_____

_____

❸请描述"两个黄鹂鸣翠柳,一行白鹭上青天"所展现的画面。

_____

春 夜 喜 雨

唐／杜甫　五言律诗／写景诗

导图识记

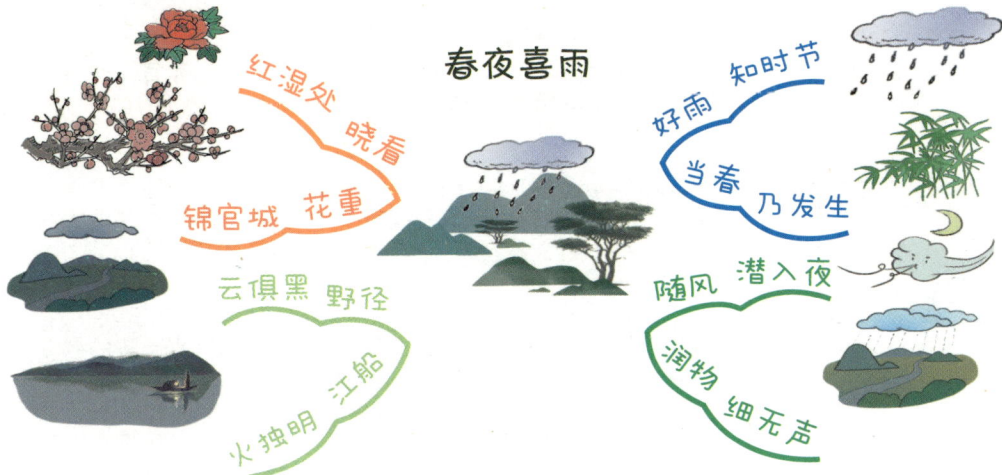

春夜喜雨

好雨 知时节
当春 乃发生
随风 潜入夜
润物 细无声
红湿处 晓看
锦官城 花重
云俱黑 野径
火独明 江船

原诗注音

hǎo yǔ zhī shí jié　dāng chūn nǎi fā shēng　suí fēng qián rù yè
好雨知时节，当春乃发生❶。随风潜入夜，

rùn wù xì wú shēng　yě jìng yún jù hēi　jiāng chuán huǒ dú míng
润物细无声。野径❷云俱黑，江船火独明。

xiǎo kàn hóng shī chù　huā zhòng jǐn guān chéng
晓看红湿处❸，花重❹锦官城❺。

注释

❶ 发生：使植物萌发、生长。
❷ 野径：田野间的小路。
❸ 红湿处：被雨水打湿的花丛。
❹ 花重：花因为饱含雨水而显得沉重。
❺ 锦官城：成都的别称。

诗意

好雨似乎知道挑选时节，正降临在春天植物生长的时候。春雨伴随着春风在夜里悄悄落下，无声地滋润着春天万物。雨夜中田间小路黑茫茫一片，只有江船上的灯火独自闪烁。到天亮时看着那雨水润湿的花丛，娇美红艳，整个锦官城变成了繁花盛开的世界。

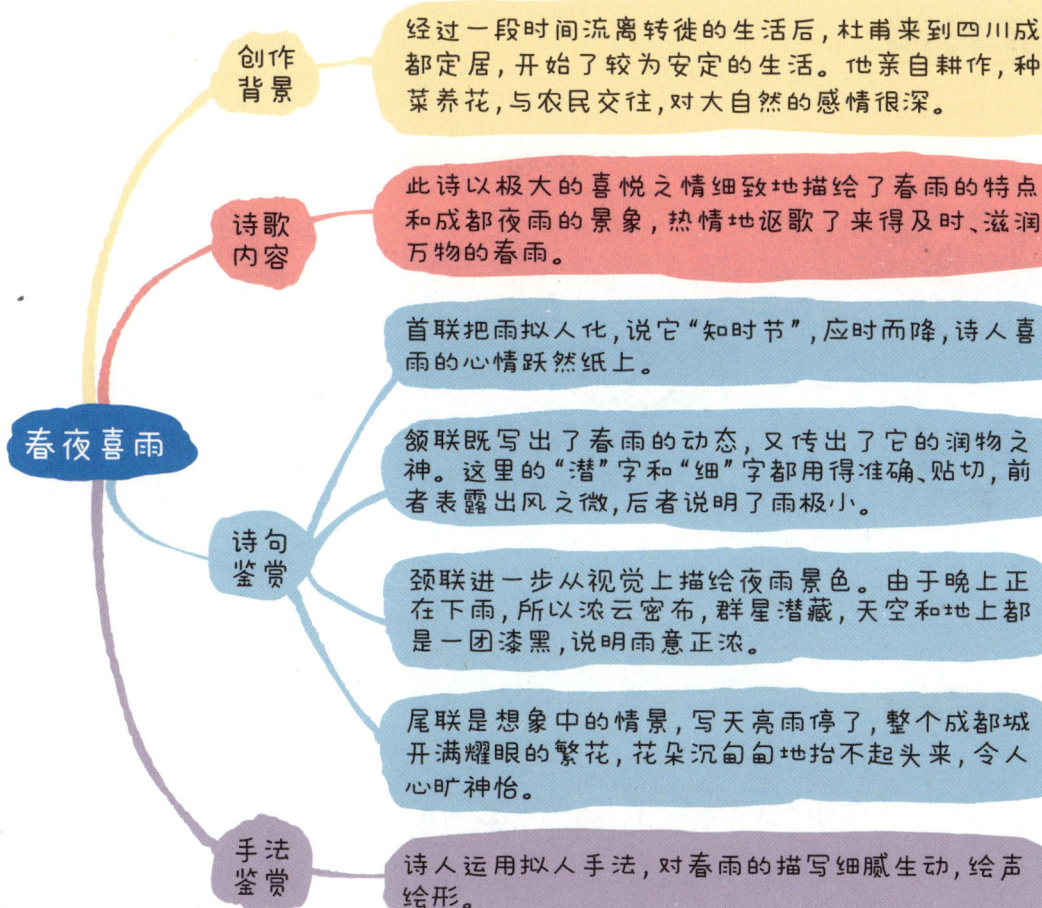

创作背景
经过一段时间流离转徙的生活后，杜甫来到四川成都定居，开始了较为安定的生活。他亲自耕作，种菜养花，与农民交往，对大自然的感情很深。

诗歌内容
此诗以极大的喜悦之情细致地描绘了春雨的特点和成都夜雨的景象，热情地讴歌了来得及时、滋润万物的春雨。

春夜喜雨

诗句鉴赏
首联把雨拟人化，说它"知时节"，应时而降，诗人喜雨的心情跃然纸上。

颔联既写出了春雨的动态，又传出了它的润物之神。这里的"潜"字和"细"字都用得准确、贴切，前者表露出风之微，后者说明了雨极小。

颈联进一步从视觉上描绘夜雨景色。由于晚上正在下雨，所以浓云密布，群星潜藏，天空和地上都是一团漆黑，说明雨意正浓。

尾联是想象中的情景，写天亮雨停了，整个成都城开满耀眼的繁花，花朵沉甸甸地抬不起头来，令人心旷神怡。

手法鉴赏
诗人运用拟人手法，对春雨的描写细腻生动，绘声绘形。

拓展训练

❶ 这首诗的作者是_____代诗人_____。作者字_____，号_____，因曾任检校工部员外郎，故称"_____"。他是著名的现实主义诗人，被称为"_____"，他的诗被称为"_____"。

❷ 这首诗的额联和颈联分别从_____和_____两个方面来写春雨。

❸ 这首诗中写春雨滋润万物、悄无声息的两句是"_____，_____"，这两句诗也常被人们用来形容在不知不觉中影响人、教育人。

53

绝句（其二）

唐／杜甫　五言绝句／写景诗

导图识记

原诗注音

chí rì jiāng shān lì　chūn fēng huā cǎo xiāng
迟日❶江山丽，春风花草香。

ní róng fēi yàn zi　shā nuǎn shuì yuān yāng
泥融❷飞燕子，沙暖睡鸳鸯❸。

注释

❶ 迟日：春日。

❷ 泥融：这里指泥土变湿软。

❸ 鸳鸯：一种鸟，常在水边嬉戏，雄鸟与雌鸟常结对生活。

诗意

江山沐浴着春光，春风送来花草的芳香。燕子衔着湿泥忙着筑巢，暖和的沙子上睡着成双成对的鸳鸯。

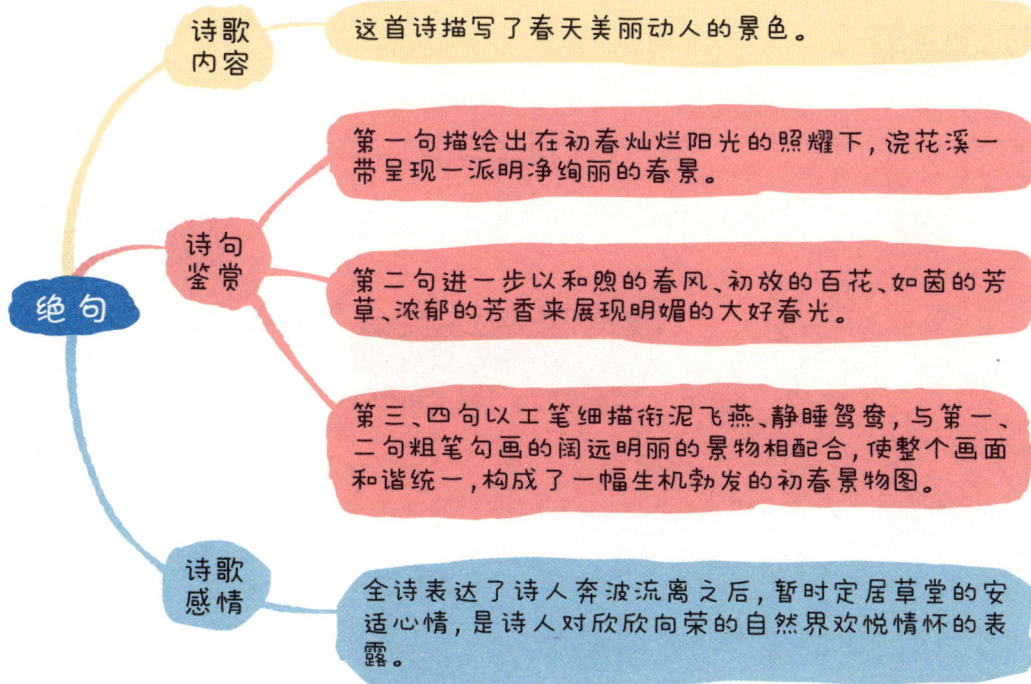

诗歌内容：这首诗描写了春天美丽动人的景色。

绝句

诗句鉴赏：
第一句描绘出在初春灿烂阳光的照耀下，浣花溪一带呈现一派明净绚丽的春景。

第二句进一步以和煦的春风、初放的百花、如茵的芳草、浓郁的芳香来展现明媚的大好春光。

第三、四句以工笔细描衔泥飞燕、静睡鸳鸯，与第一、二句粗笔勾画的阔远明丽的景物相配合，使整个画面和谐统一，构成了一幅生机勃发的初春景物图。

诗歌感情：全诗表达了诗人奔波流离之后，暂时定居草堂的安适心情，是诗人对欣欣向荣的自然界欢悦情怀的表露。

拓展训练

❶ 默写这首诗并用"/"给诗句划分朗读节奏。

_____

_____

❷ "泥融飞燕子，沙暖睡鸳鸯"这两句诗描绘了怎样的画面？

_____

_____

❸ 诗人们写下了很多赞美春天的诗句，请你再写出连续的两句吧。

_____

江畔独步①寻花

唐／杜甫　七言绝句／写景诗

导图识记

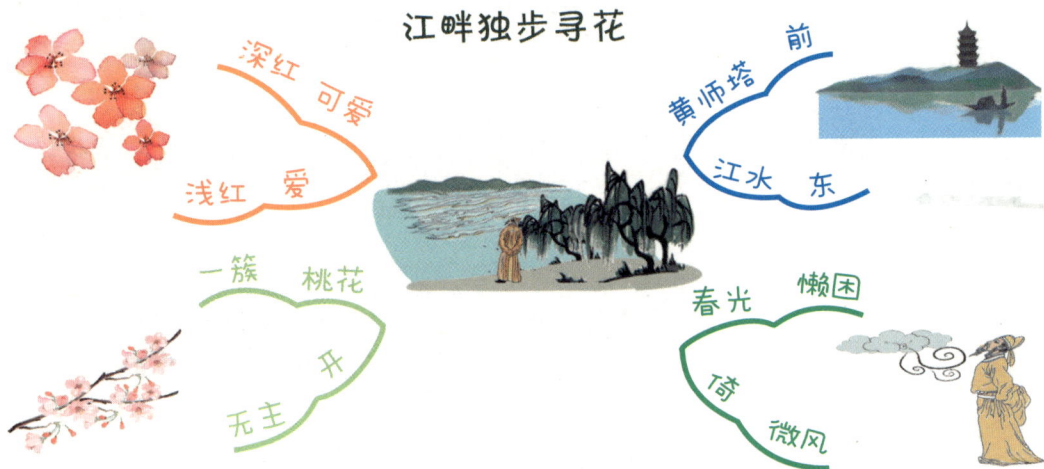

江畔独步寻花

深红 可爱
浅红 爱
一簇 桃花
无主 开

黄师塔 前
江水 东
春光 懒困
倚 微风

原诗注音

huáng shī tǎ qián jiāng shuǐ dōng
黄师塔前江水东②，

chūn guāng lǎn kùn yǐ wēi fēng
春光懒困倚微风。

táo huā yí cù kāi wú zhǔ
桃花一簇③开无主④，

kě ài shēn hóng ài qiǎn hóng
可⑤爱深红爱浅红？

注释

① 独步：独自散步。

② 江水东：江水向东流去。

③ 簇：片，丛。

④ 无主：没有主人。

⑤ 可：究竟，到底。

诗意

黄师塔前那一江的碧波春水滚滚向东流，春天给人一种困倦、让人想倚着春风小憩的感觉。江畔盛开的那一簇无主的桃花映入眼帘，究竟是爱深红色的还是更爱浅红色的呢？

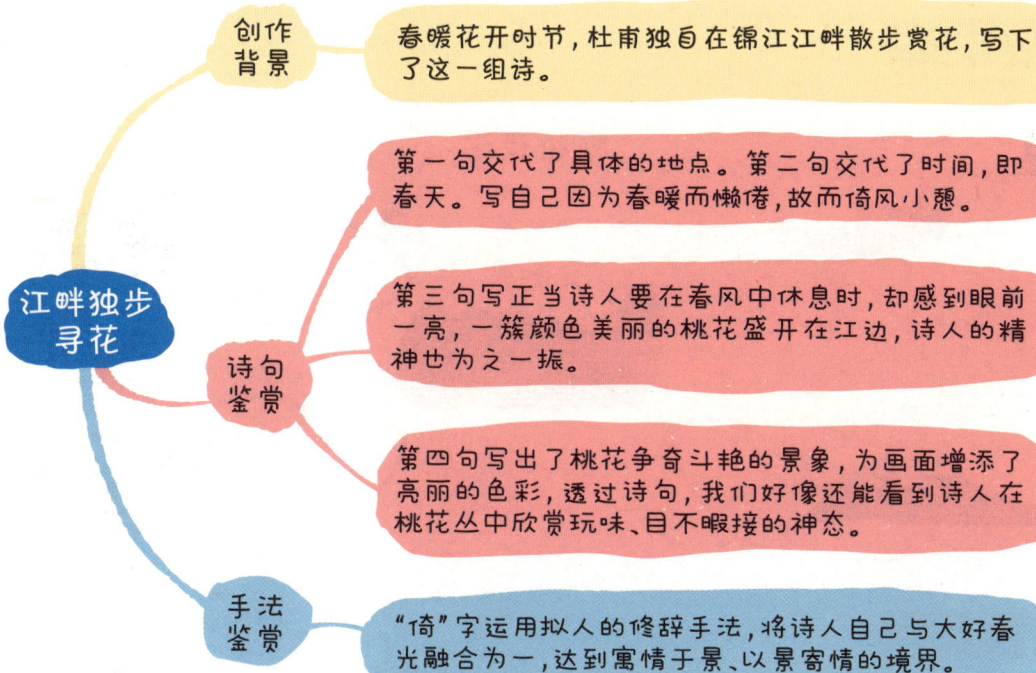

创作背景　春暖花开时节，杜甫独自在锦江江畔散步赏花，写下了这一组诗。

江畔独步寻花

诗句鉴赏

第一句交代了具体的地点。第二句交代了时间，即春天。写自己因为春暖而懒倦，故而倚风小憩。

第三句写正当诗人要在春风中休息时，却感到眼前一亮，一簇颜色美丽的桃花盛开在江边，诗人的精神也为之一振。

第四句写出了桃花争奇斗艳的景象，为画面增添了高丽的色彩，透过诗句，我们好像还能看到诗人在桃花丛中欣赏玩味、目不暇接的神态。

手法鉴赏　"倚"字运用拟人的修辞手法，将诗人自己与大好春光融合为一，达到寓情于景、以景寄情的境界。

拓展训练

❶写出下列加点字的意思。

（1）桃花一簇开无主　　　簇：_____

（2）可爱深红爱浅红　　　可：_____

❷用"／"给这首诗划分朗读节奏。

黄师塔前江水东，春光懒困倚微风。

桃花一簇开无主，可爱深红爱浅红？

❸"春光懒困倚微风"这句诗是什么意思？

_____

枫桥①夜泊②

唐 / 张继 　七言绝句 / 思乡诗

导图识记

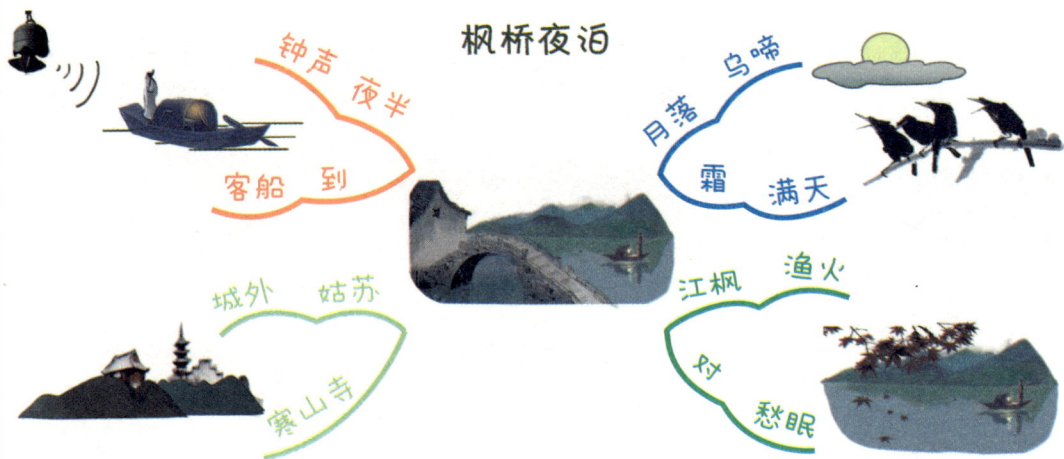

枫桥夜泊

钟声　夜半
客船　到
月落　乌啼
霜　满天
城外　姑苏
寒山寺
江枫　渔火
对　愁眠

原诗注音

yuè luò wū tí shuāng mǎn tiān
月落乌啼霜满天，

jiāng fēng　yú huǒ　duì chóu mián
江枫③渔火④对愁眠。

gū sū　chéng wài hán shān sì
姑苏⑤城外寒山寺⑥，

yè bàn　zhōng shēng dào kè chuán
夜半⑦钟声到客船。

注释

① 枫桥：在今江苏苏州。

② 夜泊：夜晚停船。

③ 江枫：江边的枫树。

④ 渔火：渔船上的灯火。

⑤ 姑苏：苏州的别称，因苏州有姑苏山而得名。

⑥ 寒山寺：枫桥附近的一座寺庙，相传唐代僧人寒山曾住于此。

⑦ 夜半：半夜。

诗意

月亮慢慢落下去了，乌鸦鸣叫。到处弥漫着寒霜，诗人对着江边的枫树和渔船上的灯火忧愁而眠。姑苏城外有一座寒山寺，半夜里，寺里的钟声悠扬回荡，传到客船上来。

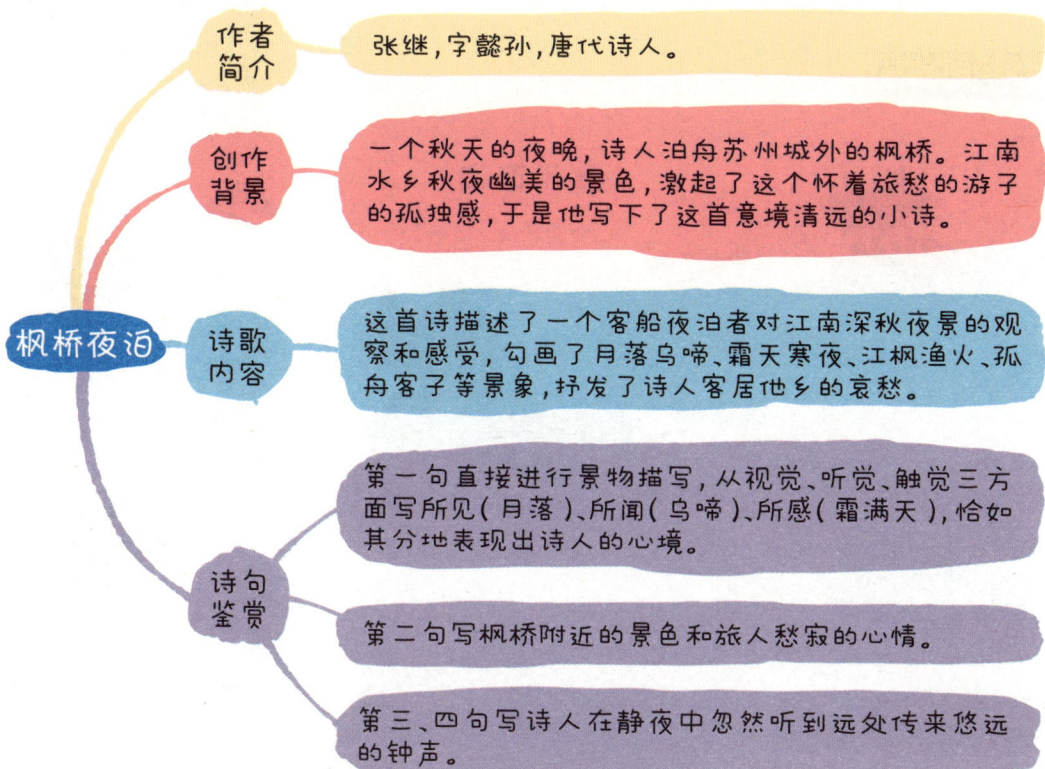

导图鉴赏

枫桥夜泊

作者简介
张继,字懿孙,唐代诗人。

创作背景
一个秋天的夜晚,诗人泊舟苏州城外的枫桥。江南水乡秋夜幽美的景色,激起了这个怀着旅愁的游子的孤独感,于是他写下了这首意境清远的小诗。

诗歌内容
这首诗描述了一个客船夜泊者对江南深秋夜景的观察和感受,勾画了月落乌啼、霜天寒夜、江枫渔火、孤舟客子等景象,抒发了诗人客居他乡的哀愁。

诗句鉴赏
第一句直接进行景物描写,从视觉、听觉、触觉三方面写所见(月落)、所闻(乌啼)、所感(霜满天),恰如其分地表现出诗人的心境。

第二句写枫桥附近的景色和旅人愁寂的心情。

第三、四句写诗人在静夜中忽然听到远处传来悠远的钟声。

拓展训练

❶ 这首诗的作者是_____代诗人_____。诗中所写事件发生的时间是_____,地点是_____,诗人所处的位置是_____。

❷ 诗人在前两句中,抓住了_____、_____、_____、_____和_____这几种景物进行描写。

❸ 这首诗中表现诗人孤独、愁闷的心情的诗句是"_____"。

❹ 判断下列说法的对错。对的画"√",错的画"×"。

（1）"枫桥夜泊"的意思是"枫桥夜晚停留在湖泊上"。　（　　）

（2）"霜满天"是说诗人看到霜雪布满了天空。　（　　）

（3）"江枫渔火对愁眠"是说江边的枫树对着渔船上的灯光发愁。　（　　）

（4）这首诗字里行间都包含着诗人深深的"愁"绪。　（　　）

滁州西涧

唐／韦应物　七言绝句／写景诗

导图识记

滁州西涧

无人 野渡 自横 舟

独怜 幽草 涧边 生

带雨 春潮 来急 晚

上有 黄鹂 深树 鸣

原诗注音

dú lián　yōu cǎo　jiàn biān shēng　shàng yǒu huáng lí　shēn shù　míng

独怜❶幽草❷涧边生，上有黄鹂深树❸鸣。

chūn cháo　dài yǔ wǎn lái jí　yě dù　wú rén zhōu zì héng

春潮❹带雨晚来急，野渡❺无人舟自横❻。

注释

❶ 独怜：唯独喜欢。

❷ 幽草：幽谷里的小草。

❸ 深树：树林深处。

❹ 春潮：春天的潮汐。

❺ 野渡：郊野的渡口。

❻ 横：指随意漂浮。

诗意

最喜爱涧边生长的幽幽野草，还有那树林深处婉转鸣唱的黄鹂。春潮夹带着暮雨流得湍急，荒野渡口无人，只有一只小船悠闲地横在水面。

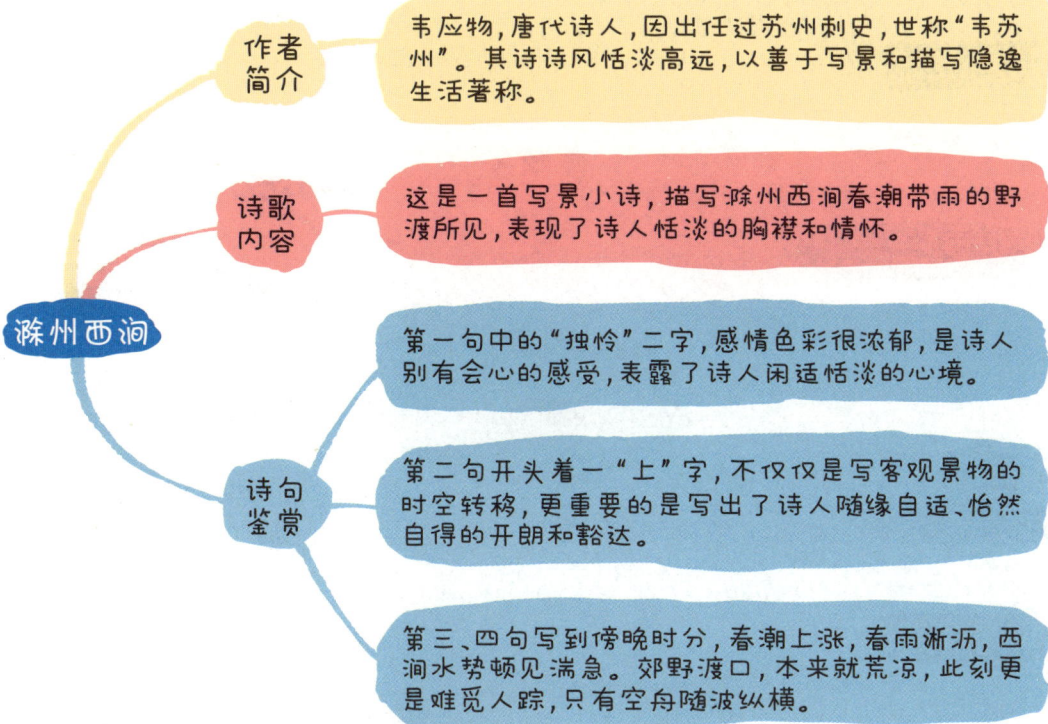

作者简介：韦应物，唐代诗人，因出任过苏州刺史，世称"韦苏州"。其诗诗风恬淡高远，以善于写景和描写隐逸生活著称。

诗歌内容：这是一首写景小诗，描写滁州西涧春潮带雨的野渡所见，表现了诗人恬淡的胸襟和情怀。

滁州西涧

诗句鉴赏：

第一句中的"独怜"二字，感情色彩很浓郁，是诗人别有会心的感受，表露了诗人闲适恬淡的心境。

第二句开头着一"上"字，不仅仅是写客观景物的时空转移，更重要的是写出了诗人随缘自适、怡然自得的开朗和豁达。

第三、四句写到傍晚时分，春潮上涨，春雨淅沥，西涧水势顿见湍急。郊野渡口，本来就荒凉，此刻更是难觅人踪，只有空舟随波纵横。

拓展训练

❶ 这首诗是_____代诗人_____所写的一首_____（体裁）。
诗中表达诗人对涧边幽草的感情的一个字是"_____"。

❷ 写出下列加点字词的意思。

（1）独**怜**幽草涧边生　　　怜：_____

（2）上有黄鹂**深树**鸣　　　深树：_____

（3）野渡无人舟自**横**　　　横：_____

❸ "春潮带雨晚来急，野渡无人舟自横"这两句诗是什么意思？

_____

❹ 默写这首诗。

_____

_____

渔 歌 子

唐／张志和　词／写景词

导图识记

原诗注音

xī sài shān qián bái lù fēi
西 塞 山 前 白 鹭 飞 ，

táo huā liú shuǐ guì yú féi
桃 花 流 水 鳜 鱼 肥 。

qīng ruò lì lǜ suō yī
青 箬 笠 ❶ ， 绿 蓑 衣 ❷ ，

xié fēng xì yǔ bù xū guī
斜 风 细 雨 不 须 ❸ 归 。

注释

❶ 箬笠：用竹篾、箬叶编制的宽边帽。

❷ 蓑衣：用竹叶或草、棕叶编成的防雨用具。

❸ 不须：不必。

诗意

西塞山前白鹭在自由地飞翔，江岸桃花盛开，春水初涨，水中鳜鱼肥美。渔人头戴青色斗笠，身披绿色蓑衣，冒着斜风细雨，悠然自得地垂钓，连下了雨都不必回家。

导图鉴赏

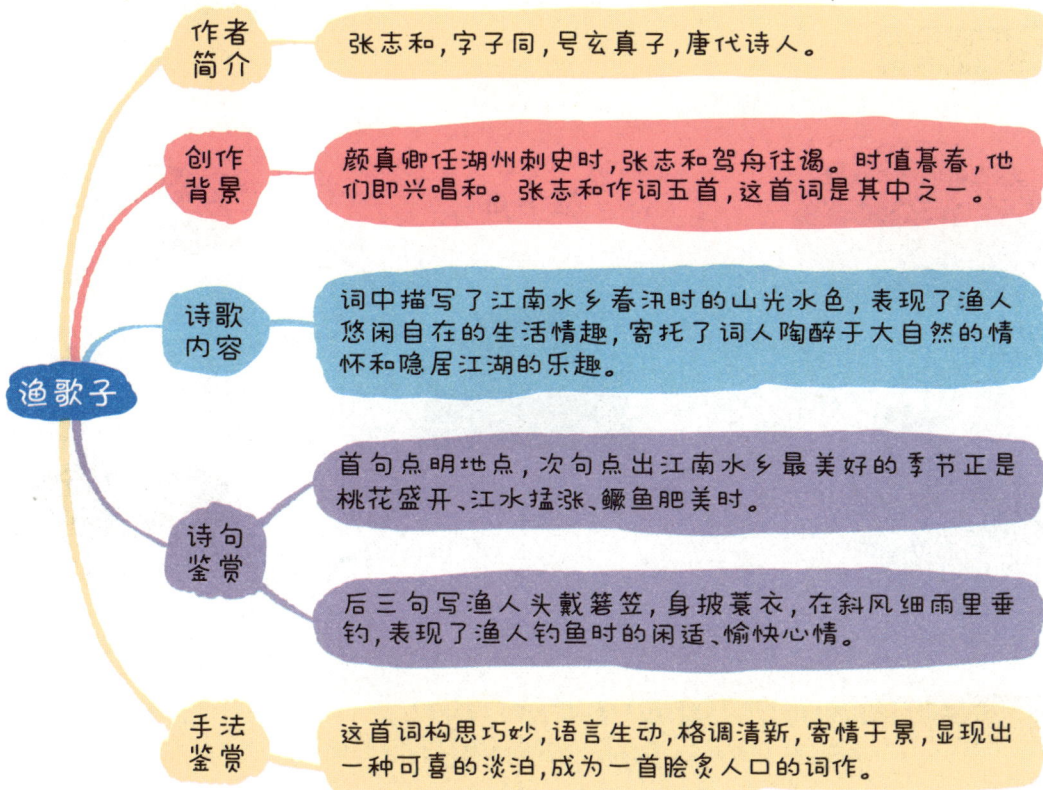

渔歌子

- **作者简介**：张志和,字子同,号玄真子,唐代诗人。

- **创作背景**：颜真卿任湖州刺史时,张志和驾舟往谒。时值暮春,他们即兴唱和。张志和作词五首,这首词是其中之一。

- **诗歌内容**：词中描写了江南水乡春汛时的山光水色,表现了渔人悠闲自在的生活情趣,寄托了词人陶醉于大自然的情怀和隐居江湖的乐趣。

- **诗句鉴赏**：
  - 首句点明地点,次句点出江南水乡最美好的季节正是桃花盛开、江水猛涨、鳜鱼肥美时。
  - 后三句写渔人头戴箬笠,身披蓑衣,在斜风细雨里垂钓,表现了渔人钓鱼时的闲适、愉快心情。

- **手法鉴赏**：这首词构思巧妙,语言生动,格调清新,寄情于景,显现出一种可喜的淡泊,成为一首脍炙人口的词作。

拓展训练

❶《渔歌子》前三句写景,时间是_____,地点是在_____。作者写景时十分注重色彩的运用,如"_____""_____""_____",这些含有色彩的词语给人以清新、秀丽之感。

❷"斜风细雨不须归"一句表现了渔人_____的生活情趣。

❸ 用"/"给诗句划分朗读节奏。

西塞山前白鹭飞,桃花流水鳜鱼肥。

青箬笠,绿蓑衣,斜风细雨不须归。

塞 下 曲

唐/卢纶　五言绝句／边塞诗

导图识记

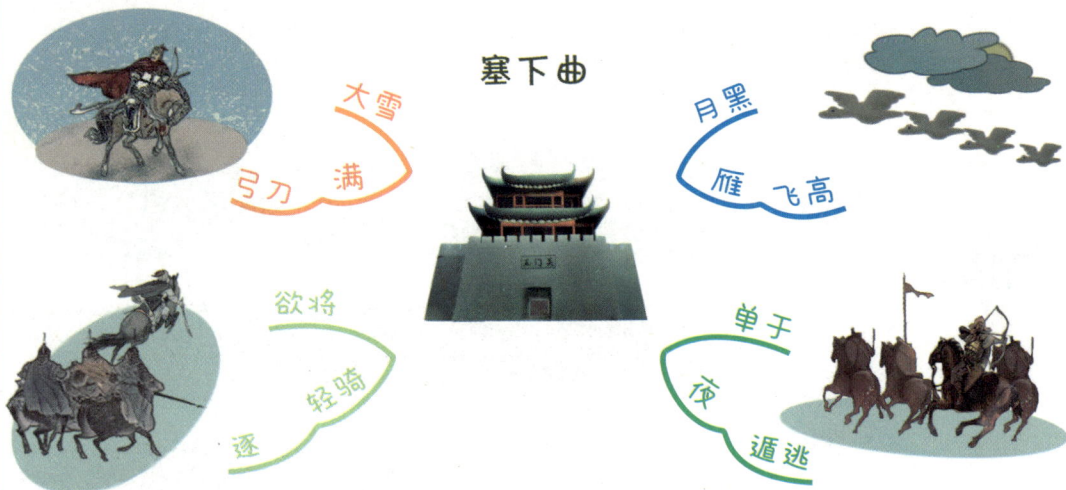

塞下曲

大雪　满　弓刀

月黑　雁飞高

欲将　轻骑　逐

单于　夜　遁逃

原诗注音

yuè hēi yàn fēi gāo　chán yú　yè dùn táo
月黑雁飞高，单于❶夜遁逃。

yù jiāng qīng qí　zhú　dà xuě mǎn　gōng dāo
欲将轻骑❷逐❸，大雪满❹弓刀。

注释

❶ 单于：匈奴的首领。这里泛指敌军首领。

❷ 骑：骑兵。

❸ 逐：追赶。

❹ 满：沾满。

诗意

夜静月黑雁群飞得很高，单于趁黑夜悄悄地窜逃。正要带领轻骑兵去追赶，大雪纷飞落满弓刀。

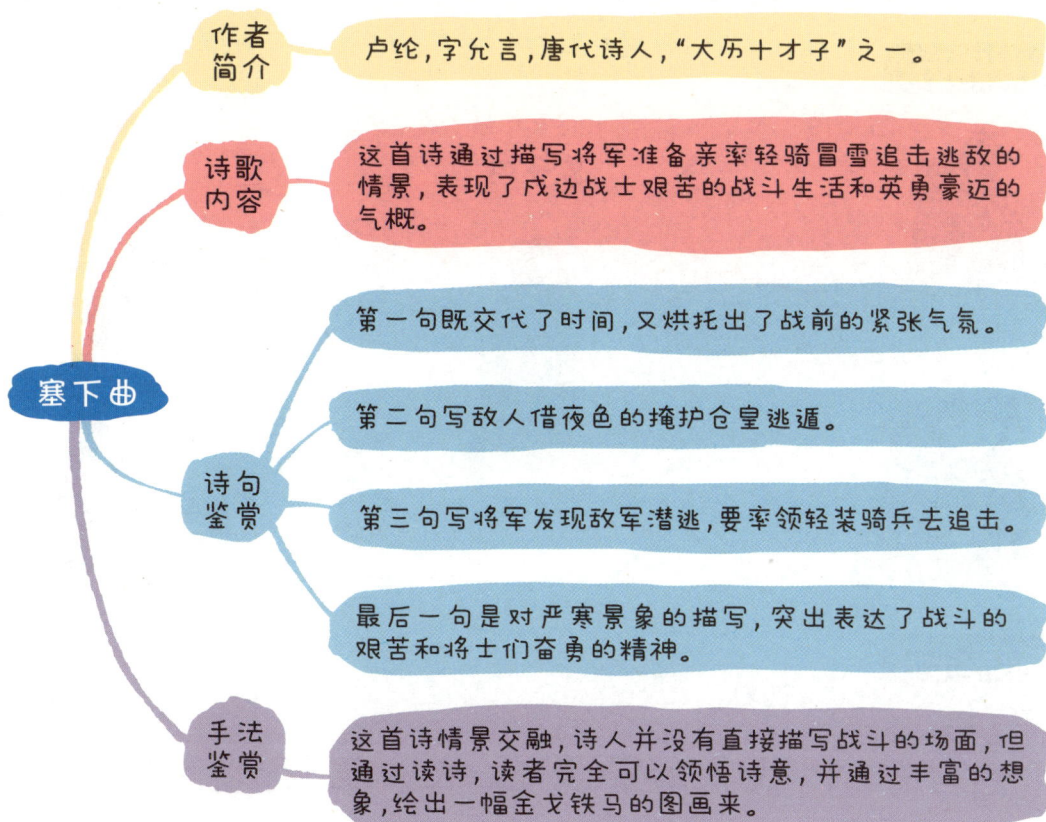

导图鉴赏

作者简介：卢纶，字允言，唐代诗人，"大历十才子"之一。

诗歌内容：这首诗通过描写将军准备亲率轻骑冒雪追击逃敌的情景，表现了戍边战士艰苦的战斗生活和英勇豪迈的气概。

塞下曲

诗句鉴赏：
- 第一句既交代了时间，又烘托出了战前的紧张气氛。
- 第二句写敌人借夜色的掩护仓皇逃遁。
- 第三句写将军发现敌军潜逃，要率领轻装骑兵去追击。
- 最后一句是对严寒景象的描写，突出表达了战斗的艰苦和将士们奋勇的精神。

手法鉴赏：这首诗情景交融，诗人并没有直接描写战斗的场面，但通过读诗，读者完全可以领悟诗意，并通过丰富的想象，绘出一幅金戈铁马的图画来。

拓展训练

❶ 这首诗的作者是_____代诗人_____。从体裁看，这是一首_____。

❷ 根据诗歌内容给下列句子排序。

（　）正要带领轻骑兵去追赶

（　）单于趁黑夜悄悄地窜逃

（　）夜静月黑雁群飞得很高

（　）大雪纷飞落满弓刀

❸ 默写这首诗并用"/"给诗句划分朗读节奏。

_____

_____

游 子① 吟

唐／孟郊　五言诗／思亲诗

导图识记

游子吟

寸草 谁言
心
三春晖 报得

意恐
归 迟迟

慈母 手中
线
游子 身上
衣

临行
时时
缝

原诗注音

cí mǔ shǒu zhōng xiàn　yóu zǐ shēn shàng yī　lín xíng mì mì féng

慈母手中线，游子身上衣。临②行密密缝，

yì kǒng chí chí guī　shuí yán cùn cǎo xīn　bào dé sān chūn huī

意恐③迟迟归④。谁言⑤寸草心，报得⑥三春晖⑦。

注释

① 游子：古代称远游旅居的人。

② 临：将要。

③ 意恐：担心。

④ 归：回来，回家。

⑤ 言：说。

⑥ 报得：能报答。

⑦ 三春晖：春天灿烂的阳光，指慈
母之恩。

诗意

慈祥的母亲手里拿着针线，为即将
远游的孩子赶制新衣。临行前一
针针密密地缝缀，担心儿子回来得
太迟而衣服破损。谁说像小草那
样微弱的孝心，能报答得了春晖般
的慈母恩情？

作者简介
孟郊,字东野,唐代著名诗人。因其诗作多写世态炎凉、民间疾苦,故有"诗囚"之称。与韩愈齐名,并称"韩孟"。又与贾岛齐名,人称"郊寒岛瘦"。

创作背景
孟郊早年漂泊无依,直到五十岁时才得到了溧阳县尉之职,结束了多年的漂泊生活。他仕途失意,饱尝了世态炎凉,愈觉亲情之可贵,于是写出这首颂母之诗。

诗歌内容
这首诗采用白描的手法,通过回忆一个看似平常的临行前缝衣的场景,凸显并歌颂了母爱的伟大与无私,表达了诗人对母亲的感激。

游子吟

诗句鉴赏
开头两句,用"线"与"衣"两种极常见的东西将"慈母"与"游子"紧紧联系在一起,写出了母子的骨肉亲情。

三、四句通过慈母为游子赶制出门衣服的动作和心理的刻画,表达了这种骨肉之情。

最后两句诗人直抒胸臆,采用比兴手法:儿女像区区小草,母爱如春天阳光,儿女怎能报答得了这深深的母爱呢?

手法鉴赏
以春天的阳光照耀小草来生动地比喻母亲对儿女的爱。

拓展训练

❶ 这首诗的作者是_____代诗人_____,他与_____并称"韩孟"。

❷ 写出下列加点字词的意思。

(1)临行密密缝　　　　临:_____

(2)意恐迟迟归　　　　意恐:_____

(3)谁言寸草心　　　　言:_____

❸ 根据意思写出诗句。

(1)临行前一针针密密地缝缀,担心儿子回来得太迟而衣服破损。

_____

(2)谁说像小草那样微弱的孝心,能报答得了春晖般的慈母恩情?

_____

早春呈[1]水部张十八员外[2]

唐/韩愈 七言绝句／写景诗

导图识记

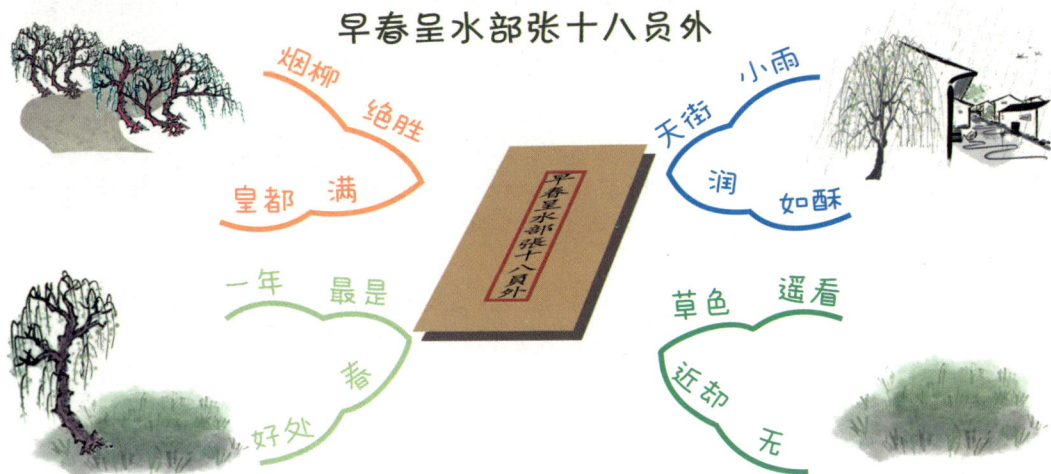

早春呈水部张十八员外

烟柳　绝胜
皇都　满
一年　最是
春　好处

天街　小雨
润　如酥
草色　遥看
近却　无

原诗注音

tiān jiē　xiǎo yǔ rùn rú sū
天街[3]小雨润如酥[4]，

cǎo sè yáo kàn jìn què wú
草色遥看近却无。

zuì shì　yì nián chūn hǎo chù
最是一年春好处[5]，

jué shèng　yān liǔ mǎn huáng dū
绝胜[6]烟柳满皇都。

注释

❶ 呈：恭敬地送上。

❷ 水部张十八员外：指唐代诗人张籍，他在同族兄弟中排行第十八，曾任水部员外郎。

❸ 天街：京城街道。

❹ 润如酥：形容春雨滋润细腻。

❺ 处：时。

❻ 绝胜：远远胜过。

诗意

京城的街道上空丝雨纷纷，雨丝就像酥油般细密而滋润。小草钻出地面，远望草色依稀连成一片，近看时却显得稀疏零星。一年之中最美的就是这早春的景色，它远远胜过绿柳满城的晚春。

导图鉴赏

作者简介

韩愈，字退之，唐代文学家。他与柳宗元同为唐代古文运动的倡导者，并称"韩柳"。宋代苏轼称他是"文起八代之衰"，明人推他为唐宋八大家之首。

创作背景

此诗是写给当时任水部员外郎的诗人张籍的。据载，韩愈约张籍游春，张籍以事忙年老推辞，韩愈于是作这首诗寄赠，极言早春景色之美，希望触发张籍的游兴。

诗歌内容

这首诗描写了长安初春的优美景色，表达了对春天来临时蓬勃景象的敏感以及由此而引发的欣悦之情，以引逗好友走出家门，去感受早春的信息。

早春呈水部张十八员外

诗句鉴赏

首句写初春小雨，以"润如酥"来形容它的细滑润泽，准确地捕捉到了它的特点，清新优美。

第二句紧承首句，写草沾雨后的景色。以远看似有、近看却无，描绘了初春小草沾雨后的景致，写出了春草刚刚发芽时若有若无、稀疏、矮小的特点。

第三、四句对初春景色大加赞美：早春的小雨和草色是一年春光中最美的景物，远远超过了烟柳满城的晚春景色。

拓展训练

❶ 这首诗的作者是＿＿＿＿代诗人＿＿＿＿＿＿＿＿，他是"唐宋八大家"之一，其他七个人分别是＿＿＿。

❷ 这首诗中最能体现早春景色特点的一句是"＿＿＿＿＿＿＿＿＿＿＿＿＿＿"。

❸ 下列关于这首诗的说法，不正确的一项是（　　　）

　　A.这首诗题目中的"呈"是"恭敬地送上"的意思。

　　B."张十八员外"指的是唐代著名诗人张籍。

　　C.这首诗前两句是抒情，后两句是议论。

望 洞 庭

唐 / 刘禹锡　七言绝句 / 写景诗

导图识记

望洞庭

盘里　白银

青螺　一

洞庭　遥望

山水

翠

湖光　秋月

两　相和

潭面　无风

镜

未磨

原诗注音

hú guāng ❶ qiū yuè liǎng ❷ xiāng hé ❸ tán miàn ❹ wú fēng jìng wèi mó ❺
湖光❶秋月两❷相和❸，潭面❹无风镜未磨❺。

yáo wàng dòng tíng shān shuǐ cuì bái yín pán ❻ lǐ yì qīng luó
遥望洞庭山水翠，白银盘❻里一青螺。

注释

❶ 湖光：湖面的波光。

❷ 两：指湖光和秋月。

❸ 和：和谐。指水色与月光互相辉映。

❹ 潭面：指湖面。

❺ 镜未磨：古人的镜子多用铜制作而成。这里比喻月下的湖面虽然平静，但有点朦胧，像没有磨平的铜镜。

❻ 白银盘：形容平静而又晶莹的洞庭湖面。

诗意

洞庭湖的水光与秋月交相融合，湖面风平浪静就像未磨的铜镜。远远望去洞庭湖山水一片翠绿，好像白银盘子托着青青的田螺。

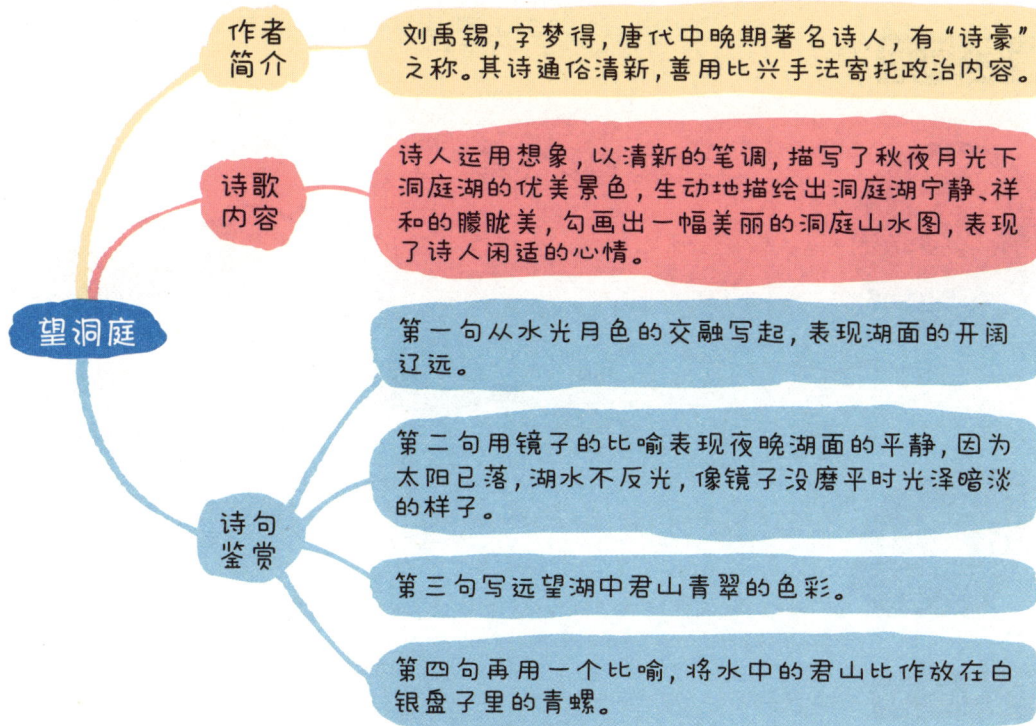

导图鉴赏

望洞庭

作者简介　刘禹锡,字梦得,唐代中晚期著名诗人,有"诗豪"之称。其诗通俗清新,善用比兴手法寄托政治内容。

诗歌内容　诗人运用想象,以清新的笔调,描写了秋夜月光下洞庭湖的优美景色,生动地描绘出洞庭湖宁静、祥和的朦胧美,勾画出一幅美丽的洞庭山水图,表现了诗人闲适的心情。

诗句鉴赏
第一句从水光月色的交融写起,表现湖面的开阔辽远。

第二句用镜子的比喻表现夜晚湖面的平静,因为太阳已落,湖水不反光,像镜子没磨平时光泽暗淡的样子。

第三句写远望湖中君山青翠的色彩。

第四句再用一个比喻,将水中的君山比作放在白银盘子里的青螺。

拓展训练

❶ 这首诗的作者是_____代诗人_____,字_____,有"_____"之称。

❷ 这首诗第二句运用了_____的修辞手法,把_____比作_____。

❸ 默写这首诗并用"/"给诗句划分朗读节奏。

_____

_____

❹ "遥望洞庭山水翠,白银盘里一青螺"这两句诗描绘了怎样的画面?

_____

_____

浪淘沙（其一）

唐／刘禹锡　七言绝句／写景诗

导图识记

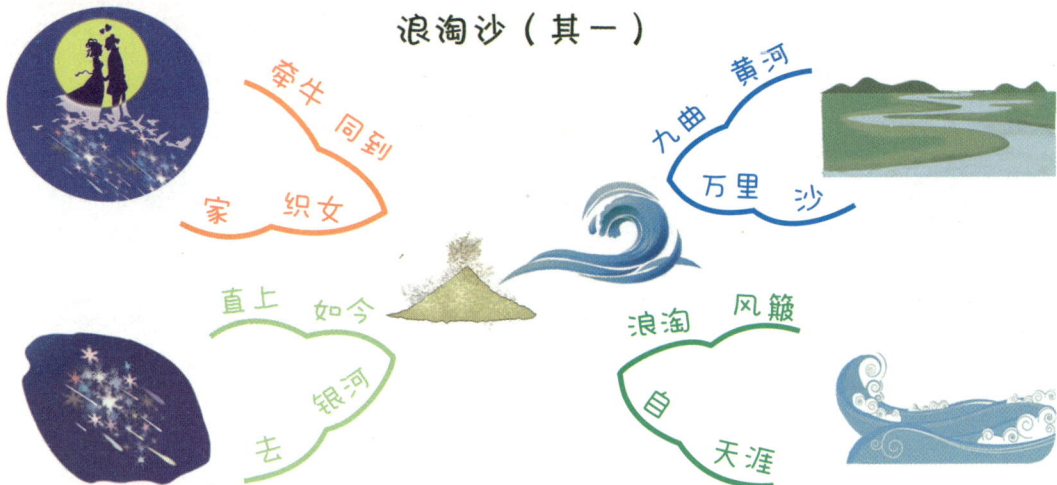

浪淘沙（其一）

牵牛 同到
家　织女

九曲 黄河
万里　沙

直上　如今
去　银河

浪淘　风簸
自　天涯

原诗注音

jiǔ qū huáng hé wàn lǐ shā　　làng táo fēng bǒ zì tiān yá

九曲❶黄河万里沙❷，浪淘❸风簸❹自天涯❺。

rú jīn zhí shàng yín hé qù　　tóng dào qiān niú zhī nǚ jiā

如今直上银河去，同到牵牛织女家。

注释

❶ 九曲：自古相传黄河有九道弯。形容弯弯曲曲的地方很多。

❷ 万里沙：黄河在流经各地时挟带大量泥沙。

❸ 浪淘：波浪淘洗。

❹ 簸：颠簸。

❺ 自天涯：来自天边。

诗意

万里黄河弯弯曲曲挟带着泥沙，波涛滚滚如巨风掀簸来自天涯。如今好像要直飞上高空的银河，请带我扶摇直上，一起去寻访牛郎织女的家。

创作背景　刘禹锡因政事一再被贬,但他没有沉沦,而是以积极乐观的态度面对世事的变迁。这首诗正是表达了他的这种情感。

诗歌内容　这首绝句模仿淘金者的口吻,表明他们对淘金生涯的厌恶和对美好生活的向往。直上银河,同访牛郎织女,寄托了他们心底对宁静的田园牧歌生活的憧憬。

浪淘沙（其一）

诗句鉴赏　前两句,诗人歌咏九曲黄河、万里黄沙,赞扬它们乘风破浪、一往无前的顽强性格。

后两句,诗人运用了张骞为武帝寻找河源和牛郎织女相隔银河的典故,驰骋想象,表示要迎着狂风巨浪,顶着万里黄沙,逆流而上,直到牵牛织女家,表现了诗人的豪迈气概。

手法鉴赏　诗人运用夸张的手法,写黄河从遥远的天际汹涌而来,携风卷浪,挟泥带沙,奔腾入海,场面非常壮阔。

拓展训练

❶ 这首诗中写诗人看到的景象的诗句是"＿＿＿＿＿＿＿＿＿,＿＿＿＿＿＿＿＿＿＿＿",写诗人想象的诗句是"＿＿＿＿＿＿＿＿＿,＿＿＿＿＿＿＿＿＿＿＿"。

❷ 判断下列说法的对错。对的画"√",错的画"×"。

（1）"浪淘沙"是唐代一种曲子的名称,后用于词牌名。　（　　）

（2）"九曲黄河万里沙"中的"九曲"指的是九条河道。　（　　）

（3）"浪淘风簸"形容风浪很大。　（　　）

（4）"如今直上银河去"中的"银河"指的是银色的河流。　（　　）

❸ "九曲黄河万里沙,浪淘风簸自天涯"这两句诗描绘了怎样的画面?

＿＿＿＿＿＿＿＿＿＿＿＿＿＿＿＿＿＿＿＿＿＿＿＿＿＿＿＿＿＿＿＿

赋得古原草送别（节选）

唐／白居易　五言律诗／送别诗

导图识记

赋得古原草送别（节选）

原诗注音

lí lí yuán shàng cǎo　　yí suì yì kū róng
离离❶原上草，一岁一枯❷荣❸。

yě huǒ shāo bú jìn　　chūn fēng chuī yòu shēng
野火烧不尽，春风吹又生。

注释

❶ 离离：青草茂盛的样子。

❷ 枯：枯萎。

❸ 荣：茂盛。

诗意

原野上长满茂盛的青草，年年岁岁枯萎了又苍翠。原野上的大火无法把它烧尽，春风一吹它又生机勃发。

导图鉴赏

作者简介　白居易,字乐天,号香山居士,唐代伟大的现实主义诗人。白居易与元稹共同倡导新乐府运动,并称"元白",与刘禹锡并称"刘白"。白居易的诗歌题材广泛,语言平易通俗,有"诗魔"和"诗王"之称。

创作背景　此诗是应考之作,按科考规矩,凡限定的诗题,题目前必须加"赋得"二字。

赋得古原草送别(节选)

诗歌内容　这是一首送别友人的诗篇。节选的四句几乎都在写草,实际上是借草取喻,以草木之茂盛显示友人之间依依惜别时的绵绵情谊。

诗句鉴赏

第一句紧紧扣住题目"古原草"三字,并用叠字"离离"描写春草的茂盛。

第二句进而写原上野草秋枯春荣,岁岁循环,生生不已的规律。

第三句写"枯",第四句写"荣",是"枯荣"二字意思的发挥。不管烈火怎样无情地焚烧,只要春风一吹,又将是遍地青青,极为形象、生动地表现了野草顽强的生命力。

拓展训练

❶"离离原上草"中"离离"的意思是＿＿＿＿＿＿。"一岁一枯荣"中,"枯"的意思是＿＿＿＿＿,"荣"的意思是＿＿＿＿＿。

❷默写这首诗并用"／"给诗句划分朗读节奏。

＿＿＿＿＿＿＿＿＿＿＿＿＿＿＿＿＿＿＿＿＿＿＿＿＿＿＿＿＿

＿＿＿＿＿＿＿＿＿＿＿＿＿＿＿＿＿＿＿＿＿＿＿＿＿＿＿＿＿

❸这首诗还有后半部分,你知道吗?查一查,写下来。

＿＿＿＿＿＿＿＿＿＿＿＿＿＿＿＿＿＿＿＿＿＿＿＿＿＿＿＿＿

池 上

唐 / 白居易　五言绝句 / 写景诗

导图识记

原诗注音

xiǎo wá　chēng xiǎo tǐng　　tōu cǎi bái lián　huí
小 娃❶ 撑 小 艇❷，偷 采 白 莲❸ 回。

bù　jiě cáng zōng jì　　fú píng　yí dào kāi
不 解 藏 踪 迹❹，浮 萍❺ 一 道 开。

注释

❶ 小娃：小孩儿。

❷ 艇：船。

❸ 白莲：白色的莲花。

❹ 踪迹：指被小艇划开的浮萍。

❺ 浮萍：水生植物。

诗意

一个小孩儿撑着一条小船，偷偷地采了白莲回来。他不知道怎么掩藏自己的踪迹，小船划过，水面的浮萍上留下了一道痕迹。

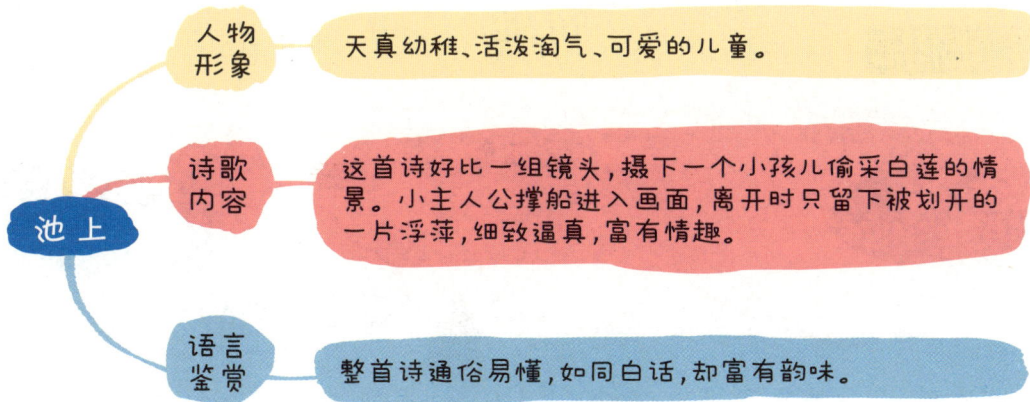

❶ 这首诗的作者是_____,字_____,号_____,他是_____代诗人,与元稹合称为"_____"。

❷ 判断下列说法的对错。对的画"√",错的画"×"。

(1)这首诗里的小孩儿偷偷采了很多粉红色的莲花,特别漂亮。(　　)

(2)池塘里有很多莲花和莲叶,所以把小孩的小船遮挡得严严实实。(　　)

(3)这首诗的作者被称为"诗仙"。(　　)

❸ 默写这首诗并用"/"给诗句划分朗读节奏。

_____

_____

❹ 古诗中有很多写小孩子玩游戏的名句,你能再默写出几句吗?

_____

_____

忆 江 南

唐／白居易　词／写景词

导图识记

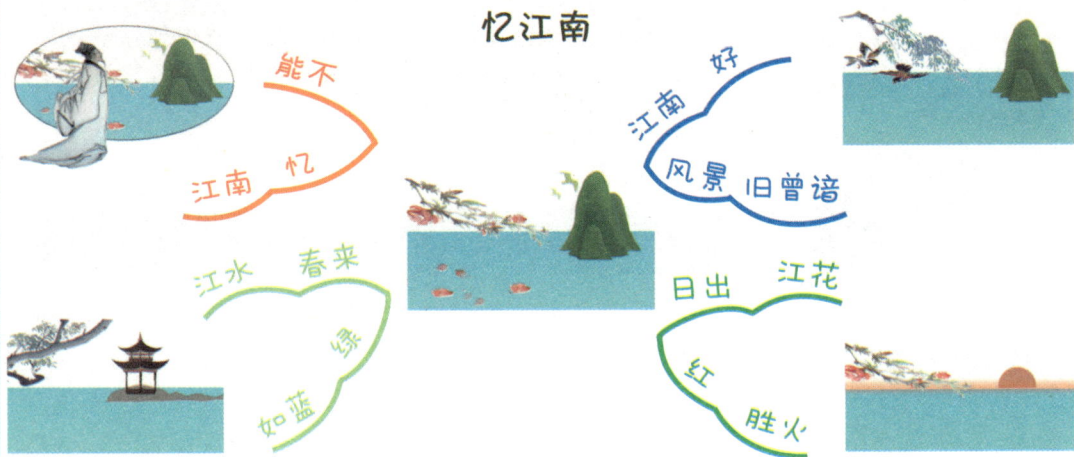

忆江南

原诗注音

jiāng nán hǎo　　fēng jǐng jiù céng ān ❶
江南好，风景旧曾谙。

rì chū jiāng huā ❷ hóng shèng ❸ huǒ　　chūn lái jiāng shuǐ lù rú lán ❹
日出江花红胜火，春来江水绿如蓝。

néng bú yì jiāng nán
能不忆江南？

注释

❶ 谙：熟悉。

❷ 江花：江边的花朵。

❸ 胜：胜过，超过。

❹ 绿如蓝：绿得如同蓝草。

诗意

江南是个好地方，那里的风光我曾经很熟悉。日出时，在朝阳的映衬下，江畔的鲜花比火还要红艳，春天的江水清净明澈，像蓝草一样绿。怎能叫人不怀念江南？

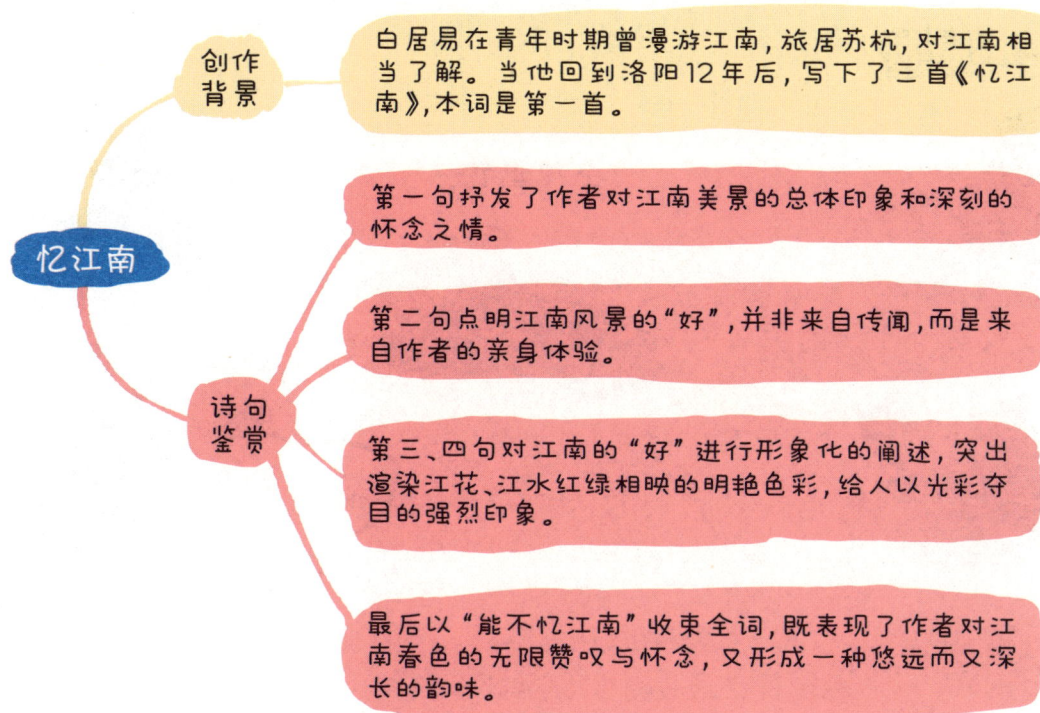

创作背景

白居易在青年时期曾漫游江南,旅居苏杭,对江南相当了解。当他回到洛阳12年后,写下了三首《忆江南》,本词是第一首。

忆江南

诗句鉴赏

第一句抒发了作者对江南美景的总体印象和深刻的怀念之情。

第二句点明江南风景的"好",并非来自传闻,而是来自作者的亲身体验。

第三、四句对江南的"好"进行形象化的阐述,突出渲染江花、江水红绿相映的明艳色彩,给人以光彩夺目的强烈印象。

最后以"能不忆江南"收束全词,既表现了作者对江南春色的无限赞叹与怀念,又形成一种悠远而又深长的韵味。

拓展训练

❶写出下列加点字的意思。

（1）风景旧曾谙　　谙：＿＿＿＿＿＿

（2）日出江花红胜火　　胜：＿＿＿＿＿＿

❷用"/"给下列词句划分朗读节奏。

江南好,风景旧曾谙。日出江花红胜火,春来江水绿如蓝。能不忆江南?

❸"日出江花红胜火,春来江水绿如蓝"这两句词描绘了怎样的画面?

＿＿＿＿＿＿＿＿＿＿＿＿＿＿＿＿＿＿＿＿＿＿＿＿＿＿＿＿＿＿＿＿＿

＿＿＿＿＿＿＿＿＿＿＿＿＿＿＿＿＿＿＿＿＿＿＿＿＿＿＿＿＿＿＿＿＿

小儿垂钓

唐／胡令能　七言绝句／写景诗

导图识记

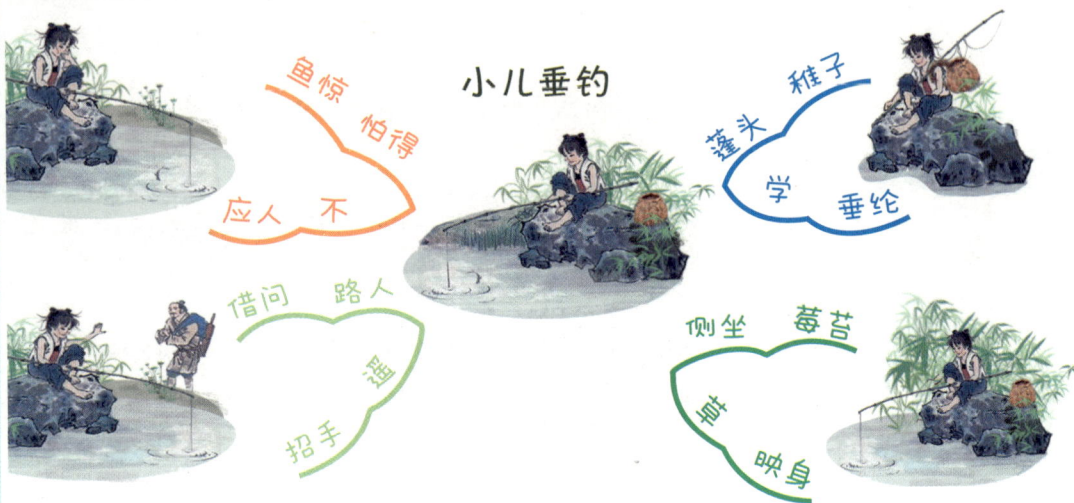

小儿垂钓

鱼惊　怕得　应人　不

蓬头　稚子　学　垂纶

借问　路人　通　招手

侧坐　莓苔　村　映身

原诗注音

péng tóu zhì zǐ xué chuí lún　　cè zuò méi tái cǎo yìng shēn

蓬头❶稚子❷学垂纶❸，侧坐莓苔草映❹身。

lù rén jiè wèn yáo zhāo shǒu　　pà dé yú jīng bú yìng rén

路人借问❺遥招手，怕得鱼惊❻不应❼人。

注释

❶ 蓬头：形容小孩。

❷ 稚子：年龄小的、懵懂的孩子。

❸ 垂纶：钓鱼。

❹ 映：遮映。

❺ 借问：向人打听。

❻ 鱼惊：鱼儿受到惊吓。

❼ 应：回应，答应。

诗意

一个头发蓬乱、面孔稚嫩的小孩在河边学钓鱼，侧身坐在草丛青苔上，绿草遮映着他的身影。听到有过路的人问路，小孩远远地摆了摆手，不敢回应，生怕惊动了鱼儿。

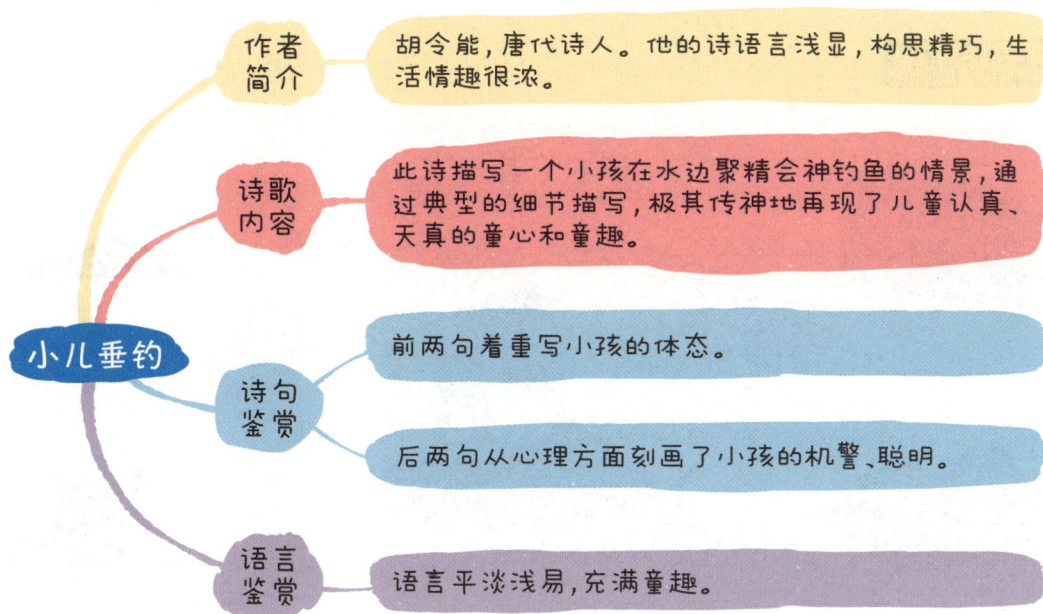

作者简介：胡令能，唐代诗人。他的诗语言浅显，构思精巧，生活情趣很浓。

诗歌内容：此诗描写一个小孩在水边聚精会神钓鱼的情景，通过典型的细节描写，极其传神地再现了儿童认真、天真的童心和童趣。

小儿垂钓

诗句鉴赏：前两句着重写小孩的体态。

后两句从心理方面刻画了小孩的机警、聪明。

语言鉴赏：语言平淡浅易，充满童趣。

拓展训练

❶ 这首诗的作者是＿＿＿＿＿＿＿＿，他是＿＿＿代诗人。

❷ 给下面的加点字词选择正确的意思。（填序号）

（1）蓬头稚子学垂纶（　　）　　A.钓鱼　　B.荡秋千　　C.跳绳

（2）侧坐莓苔草映身（　　）　　A.遮映　　B.倒映　　C.照镜子

（3）路人借问遥招手（　　）　　A.借东西　　B.向人打听　　C.问候

（4）怕得鱼惊不应人（　　）　　A.应该　　B.照应　　C.回应，答应

❸ 默写这首诗并用"／"给诗句划分朗读节奏。

＿＿＿＿＿＿＿＿＿＿＿＿＿＿＿＿＿＿＿＿＿＿＿＿＿＿＿＿＿＿

❹ 诗中"遥招手"的是谁？为何"遥招手"？

＿＿＿＿＿＿＿＿＿＿＿＿＿＿＿＿＿＿＿＿＿＿＿＿＿＿＿＿＿＿

悯[1]农（其一）

唐／李绅　五言绝句／讽喻诗

导图识记

悯农（其一）

农夫 犹 饿死

春种 一粒 粟

四海 无 闲田

秋收 万颗 子

原诗注音

chūn zhòng yí lì sù
春 种 一 粒 粟[2]，

qiū shōu wàn kē zǐ
秋 收 万 颗 子[3]。

sì hǎi wú xián tián
四 海[4] 无 闲 田[5]，

nóng fū yóu è sǐ
农 夫 犹[6] 饿 死。

注释

1 悯：怜悯。这里有同情的意思。

2 粟：种子，泛指谷类。

3 子：指粮食颗粒。

4 四海：指全国。

5 闲田：没有耕种的田。

6 犹：仍然。

诗意

春天只要播下一粒种子，秋天就可收获很多粮食。普天之下，没有荒废不种的田地，却仍有劳苦农民被饿死。

导图鉴赏

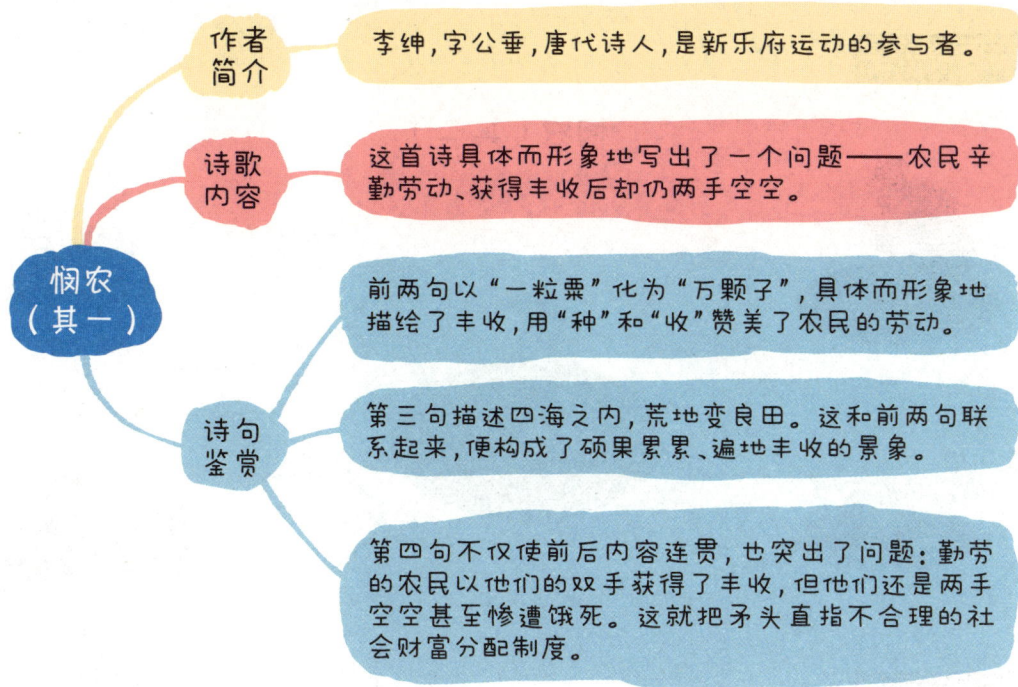

悯农（其一）

- **作者简介**：李绅,字公垂,唐代诗人,是新乐府运动的参与者。
- **诗歌内容**：这首诗具体而形象地写出了一个问题——农民辛勤劳动、获得丰收后却仍两手空空。
- **诗句鉴赏**：
  - 前两句以"一粒粟"化为"万颗子",具体而形象地描绘了丰收,用"种"和"收"赞美了农民的劳动。
  - 第三句描述四海之内,荒地变良田。这和前两句联系起来,便构成了硕果累累、遍地丰收的景象。
  - 第四句不仅使前后内容连贯,也突出了问题:勤劳的农民以他们的双手获得了丰收,但他们还是两手空空甚至惨遭饿死。这就把矛头直指不合理的社会财富分配制度。

拓展训练

❶ 这首诗的作者是_____,他是_____代诗人。

❷ 给下面的加点字选择正确的意思。（填序号）

（1）春种一粒粟(　　)　　　A.种子　　　　B.种下

（2）农夫犹饿死(　　)　　　A.仍然　　　　B.犹豫

❸ 根据这首诗的内容给下面的句子排序。

（　）秋天就可收获很多粮食。

（　）普天之下,没有荒废不种的田地。

（　）春天只要播下一粒种子。

（　）却仍有劳苦农民被饿死。

❹ 默写这首诗并用"／"给诗句划分朗读节奏。

_____

_____

悯农（其二）

唐／李绅　五言绝句／讽喻诗

导图识记

悯农（其二）

原诗注音

chú hé　rì dāng wǔ
锄禾❶日当午，

hàn dī hé xià tǔ
汗滴禾下土。

shuí zhī pán zhōng cān
谁知盘中餐❷，

lì lì jiē xīn kǔ
粒粒皆❸辛苦。

注释

❶ 锄禾：为禾苗锄去杂草，疏松泥土。

❷ 餐：粮食。

❸ 皆：都。

诗意

农民在烈日炎炎的中午种地除草，汗水滴落在禾苗下的土地里。有谁知道碗里的饭食，每一粒都是农民辛辛苦苦种出来的。

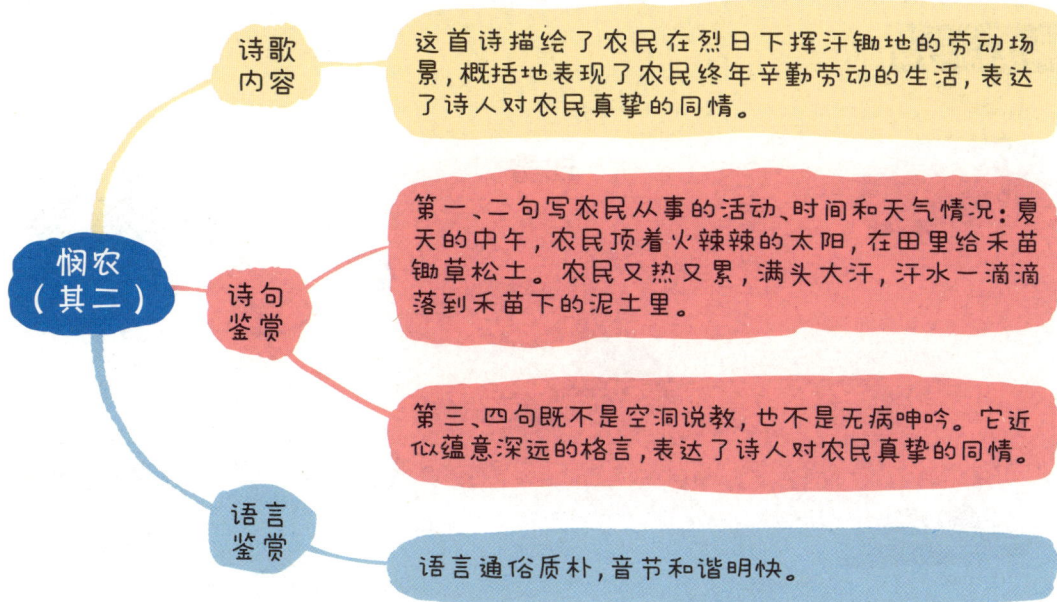

悯农（其二）

诗歌内容：这首诗描绘了农民在烈日下挥汗锄地的劳动场景，概括地表现了农民终年辛勤劳动的生活，表达了诗人对农民真挚的同情。

诗句鉴赏：
第一、二句写农民从事的活动、时间和天气情况：夏天的中午，农民顶着火辣辣的太阳，在田里给禾苗锄草松土。农民又热又累，满头大汗，汗水一滴滴落到禾苗下的泥土里。

第三、四句既不是空洞说教，也不是无病呻吟。它近似蕴意深远的格言，表达了诗人对农民真挚的同情。

语言鉴赏：语言通俗质朴，音节和谐明快。

拓展训练

❶ 写出下列加点字的意思。

（1）谁知盘中餐　　　　餐：＿＿＿＿＿＿＿＿＿

（2）粒粒皆辛苦　　　　皆：＿＿＿＿＿＿＿＿＿

❷ 默写这首诗并用"／"给诗句划分朗读节奏。

＿＿＿＿＿＿＿＿＿＿＿＿＿＿＿＿＿＿＿＿＿＿＿

＿＿＿＿＿＿＿＿＿＿＿＿＿＿＿＿＿＿＿＿＿＿＿

❸ 这首诗告诉我们一个什么道理呢？

＿＿＿＿＿＿＿＿＿＿＿＿＿＿＿＿＿＿＿＿＿＿＿

江 雪

唐 / 柳宗元　五言绝句 / 写景诗

导图识记

江雪

独钓
江雪　寒

千山
鸟　飞绝

孤舟
蓑笠
翁

万径
人　踪灭

原诗注音

qiān shān niǎo fēi jué　　wàn jìng rén zōng miè
千山鸟飞绝❶，万径❷人踪❸灭。

gū　zhōu suō lì wēng　　dú　diào hán jiāng xuě
孤❹舟蓑笠❺翁，独❻钓寒江雪。

注 释

❶ 绝：无，没有。

❷ 万径：虚指，指千万条路。

❸ 踪：脚印。

❹ 孤：孤零零。

❺ 蓑笠：蓑衣和斗笠。笠，用竹篾等编成的帽子。

❻ 独：独自。

诗 意

所有的山上，飞鸟的身影已经绝迹；所有的道路上，都不见人的踪影。江面孤舟上，一位披戴着蓑笠的老翁，独自在大雪覆盖的寒冷江面上垂钓。

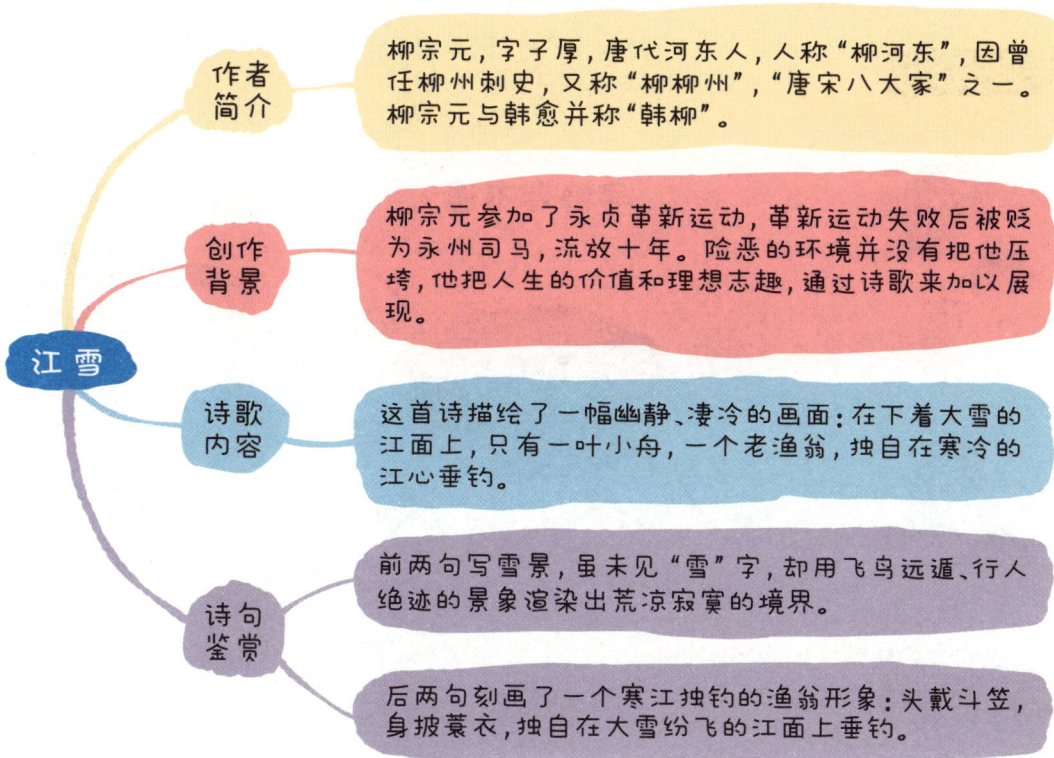

作者简介
柳宗元,字子厚,唐代河东人,人称"柳河东",因曾任柳州刺史,又称"柳柳州","唐宋八大家"之一。柳宗元与韩愈并称"韩柳"。

创作背景
柳宗元参加了永贞革新运动,革新运动失败后被贬为永州司马,流放十年。险恶的环境并没有把他压垮,他把人生的价值和理想志趣,通过诗歌来加以展现。

江雪

诗歌内容
这首诗描绘了一幅幽静、凄冷的画面:在下着大雪的江面上,只有一叶小舟,一个老渔翁,独自在寒冷的江心垂钓。

诗句鉴赏
前两句写雪景,虽未见"雪"字,却用飞鸟远遁、行人绝迹的景象渲染出荒凉寂寞的境界。

后两句刻画了一个寒江独钓的渔翁形象:头戴斗笠,身披蓑衣,独自在大雪纷飞的江面上垂钓。

拓展训练

❶ 这首诗的作者是_____代诗人_____,字_____,因是河东人,故称"_____"。与韩愈、欧阳修、苏轼、曾巩等唐宋文学家合称为"_____"。

❷ 给下面的加点字选择正确的意思。(填序号)
(1)千山鸟飞绝( )　A.绝对　　　B.断绝　　　　C.无,没有
(2)孤舟蓑笠翁( )　A.孤零零　　B.独自,孤独　C.孤僻,古怪
(3)独钓寒江雪( )　A.独自　　　B.独立　　　　C.自私

❸ 默写这首诗并用"/"给诗句划分朗读节奏。

_____

_____

❹ 这首诗的前两句是什么意思?

_____

寻①隐者②不遇③

唐／贾岛　五言绝句／叙事诗

导图识记

寻隐者不遇

云深
处　不知

只在
中　此山

松下
向　童子

言师
采药
去

原诗注音

sōng xià wèn tóng zǐ
松下问童子，

yán shī cǎi yào qù
言④师采药去。

zhǐ zài cǐ shān zhōng
只在此山中，

yún shēn bù zhī chù
云深⑤不知处⑥。

注释

❶ 寻：寻访。

❷ 隐者：隐士，隐居在山林中的人。

❸ 不遇：没有遇到，没有见到。

❹ 言：回答，说。

❺ 云深：指山上的云雾浓重。

❻ 处：行踪，所在。

诗意

我在松树下向隐者的弟子询问他师父的去向，回答说师父采药去了。只知道师父就在这座大山里，但是山中云雾缭绕，不知道他到底在什么地方。

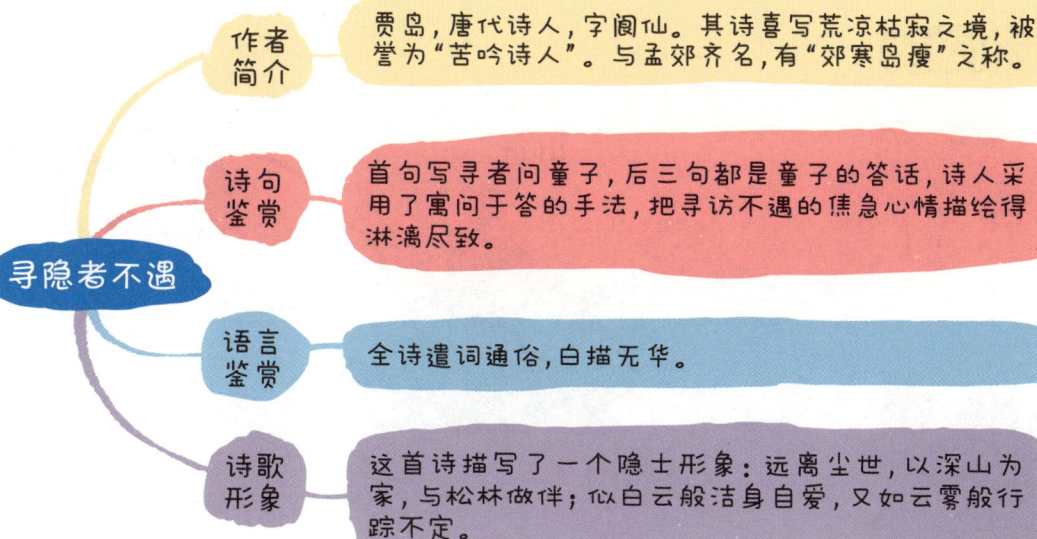

导图鉴赏

寻隐者不遇

- **作者简介**：贾岛，唐代诗人，字阆仙。其诗喜写荒凉枯寂之境，被誉为"苦吟诗人"。与孟郊齐名，有"郊寒岛瘦"之称。
- **诗句鉴赏**：首句写寻者问童子，后三句都是童子的答话，诗人采用了寓问于答的手法，把寻访不遇的焦急心情描绘得淋漓尽致。
- **语言鉴赏**：全诗遣词通俗，白描无华。
- **诗歌形象**：这首诗描写了一个隐士形象：远离尘世，以深山为家，与松林做伴；似白云般洁身自爱，又如云雾般行踪不定。

拓展训练

❶ 这首诗的作者是_____,他是_____代诗人,与孟郊齐名,有"_____"之称。

❷ 写出下列加点字的意思。

（1）寻隐者不遇　　　寻：_____

（2）言师采药去　　　言：_____

（3）云深不知处　　　处：_____

❸ 根据意思写出诗句,并将诗句正确的顺序写在题后的横线上。

① 但是山中云雾缭绕,不知道他到底在什么地方　_____

② 我在松树下向隐者的弟子询问他师父的去向　_____

③ 只知道师父就在这座大山里　_____

④ 回答说师父采药去了　_____

_____

山 行①

唐／杜牧　七言绝句／写景诗

导图识记

红于　霜叶
花　二月

山行

远上　寒山
石径　斜

坐爱　停车
枫林
晚

白云　生处
有　人家

原诗注音

yuǎn shàng hán shān　shí jìng　xié　　bái yún shēng　chù yǒu rén jiā
远 上 寒 山②石 径③斜④，白 云 生⑤处 有 人 家。

tíng chē zuò　ài fēng lín wǎn　　shuāng yè　hóng yú　èr yuè huā
停 车 坐⑥爱 枫 林 晚，霜 叶⑦红 于⑧二 月 花。

注释

① 山行：在山中行走。

② 寒山：深秋时节的山。

③ 石径：石子铺成的小路。

④ 斜：伸向。"斜"现读"xié"，旧读xiá。

⑤ 生：产生，生出。

⑥ 坐：因为。

⑦ 霜叶：经深秋寒霜之后的枫叶。

⑧ 红于：比……更红。

诗意

一条弯弯曲曲的小路蜿蜒伸向山顶，在那白云生发之处居然还有人家。停下车来是因为喜爱深秋枫林的晚景，枫叶被秋霜染过，比二月的花还要红。

作者简介 | 杜牧,字牧之,号樊川居士,唐代诗人。杜牧人称"小杜",以别于杜甫,与李商隐并称"小李杜"。

诗歌内容 | 这首诗描绘的是秋日山行所见景色,展现出一幅动人的山林秋色图,山路、人家、白云、红叶构成和谐统一的画面,表现了诗人的高怀逸兴。

山行

诗句鉴赏 | 第一句描写了一条石头小路蜿蜒曲折地伸向充满秋意的山峦。"寒"字点明是深秋时节,"远"字写出山路的绵长,"斜"字写出高而缓的山势。

第二句描写诗人山行所见的远处风光。

第三句写因为夕照枫林的晚景实在太迷人了,所以诗人特地停车观赏。

前三句的描写都是在为第四句做铺垫和烘托,第四句是全诗的中心句。

语言鉴赏 | 一个"生"字,形象地表现出白云升腾、缭绕和飘浮等种种动态,也说明山很高。

拓展训练

❶ 这首诗的作者是_____代诗人_____,人称"_____",与李商隐合称"_____"。

❷ 这首诗描写的是_____(季节)的景色,从"_____,_____"这两句诗可以看出。

❸ 这首诗主要描写了_____、_____、_____、_____这四种景物,给人以美的享受。

❹ 写出下列加点字词的意思。
(1)远上寒山石径斜　　　斜:_____
(2)白云生处有人家　　　生:_____
(3)停车坐爱枫林晚　　　坐:_____
(4)霜叶红于二月花　　　红于:_____

清 明①

唐／杜牧　七言绝句／写景诗

导图识记

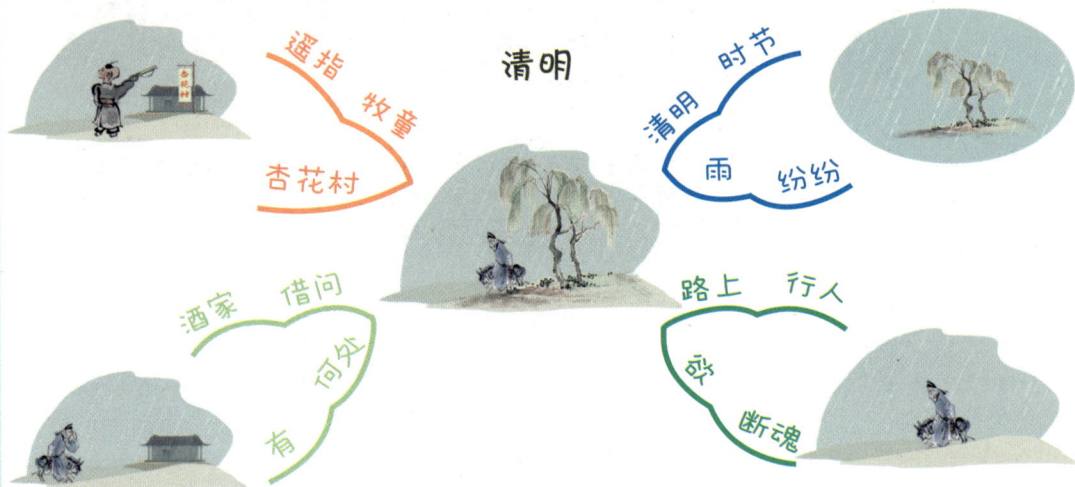

原诗注音

qīng míng shí jié yǔ fēn fēn
清明时节雨纷纷②，

lù shàng xíng rén yù duàn hún
路上 行人欲断魂。

jiè wèn jiǔ jiā hé chù yǒu
借问③酒家何处有？

mù tóng yáo zhǐ xìng huā cūn
牧童遥指杏花村。

注释

① 清明：我国传统节日，有扫墓、踏青等习俗。

② 纷纷：形容多。

③ 借问：请问。

诗意

清明时节细雨纷纷飘洒，路上羁旅行人失魂落魄。借问当地之人何处买酒消愁，牧童遥遥指向杏花村。

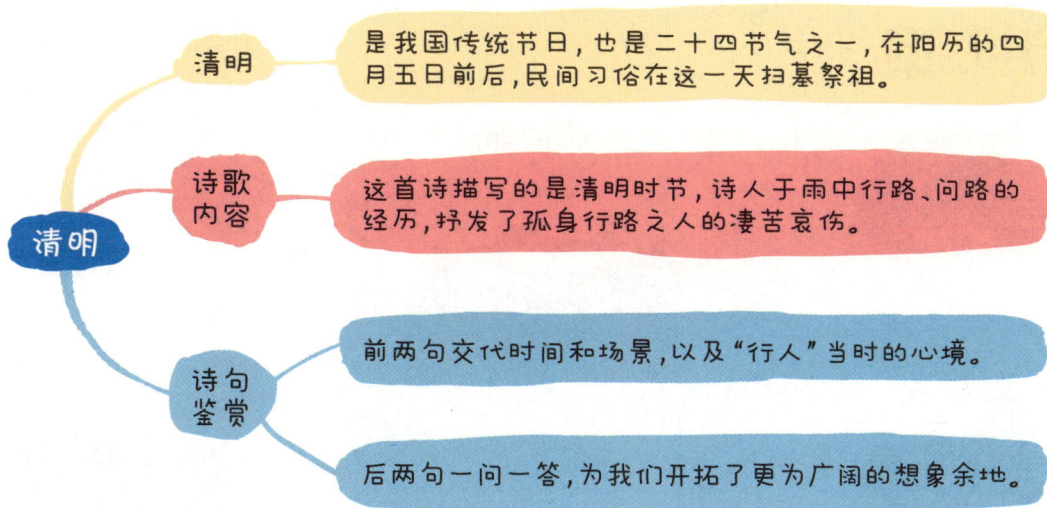

清明 — 是我国传统节日,也是二十四节气之一,在阳历的四月五日前后,民间习俗在这一天扫墓祭祖。

诗歌内容 — 这首诗描写的是清明时节,诗人于雨中行路、问路的经历,抒发了孤身行路之人的凄苦哀伤。

诗句鉴赏 — 前两句交代时间和场景,以及"行人"当时的心境。

诗句鉴赏 — 后两句一问一答,为我们开拓了更为广阔的想象余地。

拓展训练

❶ 清明节是我国的传统节日,也是扫墓祭祖的日子。这一天细雨纷纷,行人心情愁闷,失魂落魄。《清明》这首诗中所写的:"＿＿＿＿＿＿＿＿＿＿＿＿＿＿＿＿＿＿,＿＿＿＿＿＿＿＿＿＿＿＿＿＿＿。"

❷ 选择正确的答案填在( )中。

(1)"清明时节雨纷纷"中的"清明"意思是( )

　　A.清澈明净　　　　　B.清醒明白

　　C.二十四节气之一,在四月五日前后。

(2)"路上行人欲断魂"中的"断魂"是对行人的( )描写。

　　A.动作　　　　　B.神态　　　　　C.外貌

❸ 默写这首诗并用"/"给诗句划分朗读节奏。

＿＿＿＿＿＿＿＿＿＿＿＿＿＿＿＿＿＿＿＿＿＿＿＿＿＿＿＿＿＿＿

＿＿＿＿＿＿＿＿＿＿＿＿＿＿＿＿＿＿＿＿＿＿＿＿＿＿＿＿＿＿＿

江 南 春

唐 / 杜牧　七言绝句 / 写景诗 / 咏史诗

导图识记

江南春

楼台 多少 中 烟雨

千里 莺啼 绿 映红

南朝 寺 四百八十

水村 山郭 酒旗 风

原诗注音

qiān lǐ yīng tí 千里莺啼❶绿映红，

lǜ yìng hóng

shuǐ cūn shān guō 水村山郭❷酒旗❸风。

jiǔ qí fēng

nán cháo sì bǎi bā shí sì 南朝四百八十寺❹，

duō shǎo lóu tái 多少楼台❺烟雨❻中。

yān yǔ zhōng

注释

❶ 莺啼：即莺啼燕语。

❷ 山郭：山城，山村。

❸ 酒旗：酒招子，酒馆外悬挂的旗子之类的标识。

❹ 四百八十寺："四百八十"是虚指，形容寺院很多。

❺ 楼台：楼阁亭台。此处指寺院建筑。

❻ 烟雨：细雨蒙蒙，如烟如雾。

诗意

辽阔的千里江南，黄莺在欢乐地歌唱，丛丛绿树映着簇簇红花，有傍水的村庄，有依山的城郭，还有迎客的酒旗在风中招展。南朝遗留下许多座古寺，无数的楼台全笼罩在烟雨之中。

创作背景
晚唐统治者过度提倡佛教,加重了人们的负担。杜牧来到江南,想起当年南朝因事佛而误国害民的旧事,遂写下此诗。本诗既是咏史怀古,也是对统治者委婉的劝诫。

江南春

诗歌内容
这首描写江南风光的七言绝句,不仅描绘了明媚的江南春光,而且再现了江南烟雨蒙蒙的楼台景色,使江南风光更加神奇迷离,别有一番情趣。此外,诗人还希望朝廷以南朝为鉴,防止好佛之事再次发生。

诗句鉴赏
前两句仿佛把我们带入江南那花红柳绿的世界,尤其是那迎风招展的酒旗,令人神往。

后两句写屋宇重重的佛寺掩映于迷蒙的烟雨之中,增加了一种朦胧迷离的色彩。

拓展训练

❶ "南朝四百八十寺"中的"四百八十"是_____,形容_____

_____。

❷ 默写这首诗并用"/"给诗句划分朗读节奏。

_____

_____

❸ 用生动形象的语言把诗的前两句所表现的画面具体地描述出来。

_____

_____

蜂

唐 / 罗隐　七言绝句 / 咏物诗

导图识记

原诗注音

bú lùn píng dì yǔ shān jiān❶，wú xiàn fēng guāng❷ jìn bèi zhàn❸。

不论平地与山尖❶，无限风光❷尽被占❸。

cǎi❹ dé bǎi huā chéng mì hòu　wèi shuí xīn kǔ wèi shuí tián

采❹得百花成蜜后，为谁辛苦为谁甜？

注释

❶ 山尖：山峰。

❷ 无限风光：极其美好的风景。

❸ 占：占有，占据。

❹ 采：采集，这里指采集花蜜。

诗意

无论是在平地，还是在山峰，极其美好的风景都被蜜蜂占有。蜜蜂啊，你采尽百花酿成了花蜜，到底为谁付出辛苦，又想让谁品尝香甜？

作者简介　罗隐,字昭谏,自号江东生。晚唐诗人。据说他曾多次考进士都没有考中,后改名为"隐"。

诗歌内容　这首诗通过蜜蜂采花酿蜜供人享用这一现象,比喻广大人民的劳动成果被封建统治阶级残酷剥削的现实,表现了诗人对劳动人民的同情。

蜂

诗句鉴赏

前两句写蜜蜂的生存状态——在鲜花烂漫间不停穿梭、劳作,广阔的领地给了它们相当大的施展本领的空间。

后两句,诗人以反诘的语气控诉了那些沉迷于功名利禄之人,表达了对劳苦大众的怜悯之情,对劳者不获、获者不劳的不平现实加以嘲讽和鞭笞。在为劳动人民鸣冤的同时,也对自己久沉下僚、壮志难酬的境遇鸣不平。

拓展训练

❶这首诗的作者是_____代诗人_____。这是一首_____(体裁)。

❷写出下列加点字的意思。

(1)无限风光尽被占　　　　　占:_____

(2)采得百花成蜜后　　　　　采:_____

(3)为谁辛苦为谁甜　　　　　为:_____

❸用"/"给诗句划分朗读节奏。

不论平地与山尖,无限风光尽被占。

采得百花成蜜后,为谁辛苦为谁甜?

江上渔者①

宋／范仲淹　五言绝句／讽喻诗

导图识记

江上渔者

出没
里　风波
君看
一叶
舟
江上
往来　人
但爱
鲈鱼
美

原诗注音

jiāng shàng wǎng lái rén　　dàn ài lú yú měi

江上往来人，但②爱③鲈鱼美。

jūn kàn yí yè zhōu　　chū mò fēng bō lǐ

君④看一叶舟，出没⑤风波⑥里。

注释

① 渔者：捕鱼的人。

② 但：只。

③ 爱：喜欢。

④ 君：您。

⑤ 出没：若隐若现。指一会儿看得见，一会儿看不见。

⑥ 风波：波浪。

诗意

江上来来往往无数人，只知喜爱鲈鱼之鲜美。请您看那一叶小小渔船，在滔滔风浪里时隐时现。

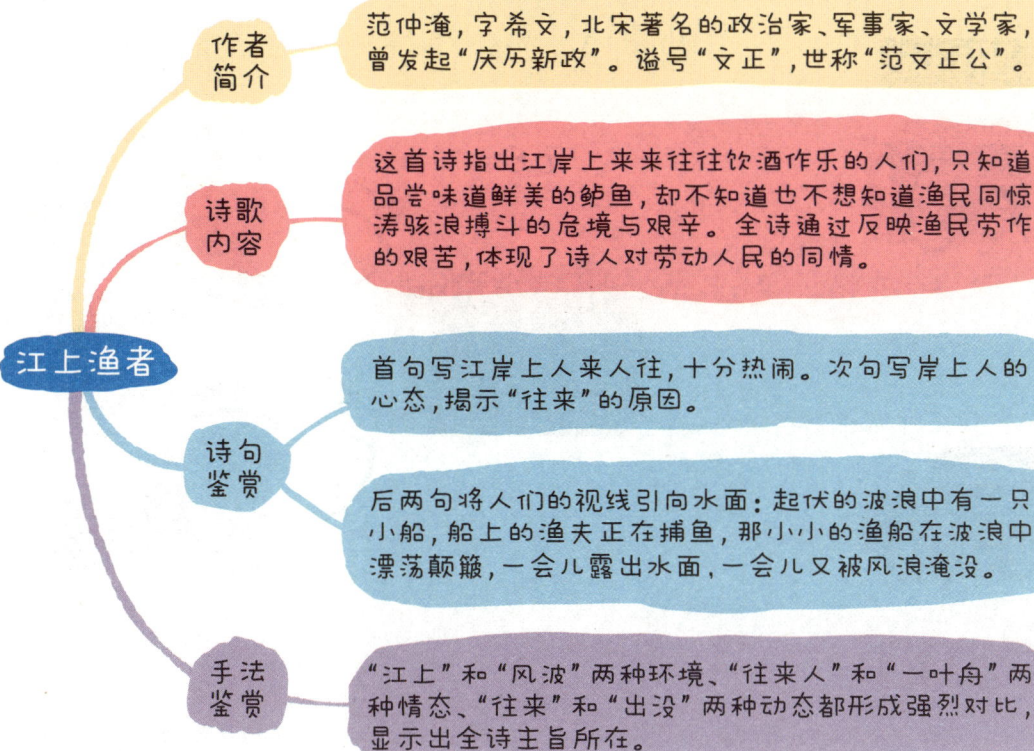

作者简介：范仲淹，字希文，北宋著名的政治家、军事家、文学家，曾发起"庆历新政"。谥号"文正"，世称"范文正公"。

诗歌内容：这首诗指出江岸上来来往往饮酒作乐的人们，只知道品尝味道鲜美的鲈鱼，却不知道也不想知道渔民同惊涛骇浪搏斗的危境与艰辛。全诗通过反映渔民劳作的艰苦，体现了诗人对劳动人民的同情。

诗句鉴赏：首句写江岸上人来人往，十分热闹。次句写岸上人的心态，揭示"往来"的原因。

后两句将人们的视线引向水面：起伏的波浪中有一只小船，船上的渔夫正在捕鱼，那小小的渔船在波浪中漂荡颠簸，一会儿露出水面，一会儿又被风浪淹没。

手法鉴赏："江上"和"风波"两种环境、"往来人"和"一叶舟"两种情态、"往来"和"出没"两种动态都形成强烈对比，显示出全诗主旨所在。

江上渔者

拓展训练

❶ 这首诗的作者是_____代诗人_____，字_____，谥号_____，世称"_____"。

❷ 写出下列加点字词的意思。

（1）江上渔者　　　渔者：_____

（2）但爱鲈鱼美　　　但：_____

（3）君看一叶舟　　　君：_____

❸ 根据意思写出诗句。

（1）请您看那一叶小小渔船，在滔滔风浪里时隐时现。

_____

（2）江上来来往往无数人，只知喜爱鲈鱼之鲜美。

_____

元 日 ①

宋／王安石　七言绝句／叙事诗

导图识记

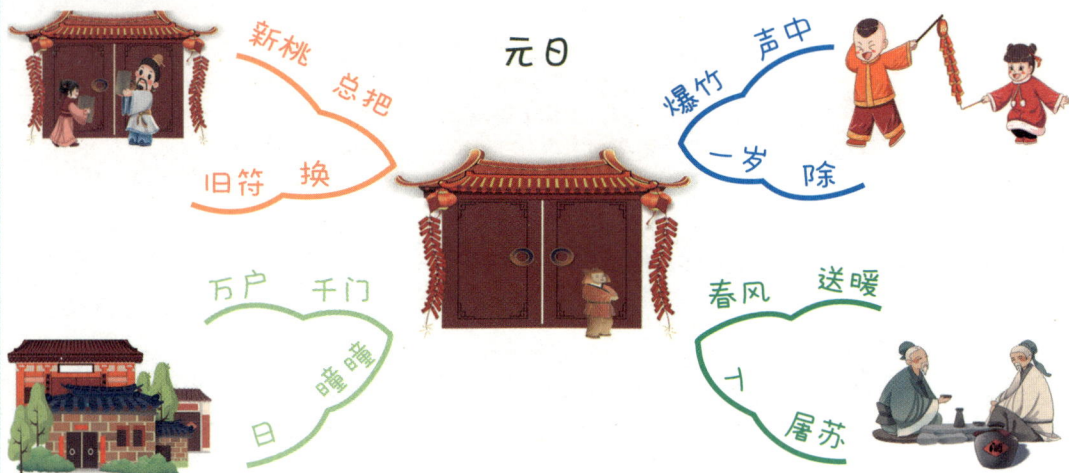

原诗注音

bào zhú shēng zhōng yí suì chú
爆 竹 声 中 一 岁 除 ②，

chūn fēng sòng nuǎn rù tú sū
春 风 送 暖 入 屠 苏 ③。

qiān mén wàn hù tóng tóng rì
千 门 万 户 ④ 暗 暗 ⑤ 日，

zǒng bǎ xīn táo huàn jiù fú
总 把 新 桃 换 旧 符。

注 释

① 元日：指农历正月初一。

② 一岁除：一年已尽。除，逝去。

③ 屠苏：这里指一种酒，根据古代风俗，常在元日饮用。

④ 千门万户：形容门户众多，人口稠密。

⑤ 暗暗：形容太阳出来后天色渐亮的样子。

诗意

在爆竹声中，旧的一年已经过去，和暖的春风吹来了新年，人们欢乐地畅饮着新酿的屠苏酒。初升的太阳照耀着千家万户，他们都忙着把旧的桃符取下，换上新的桃符。

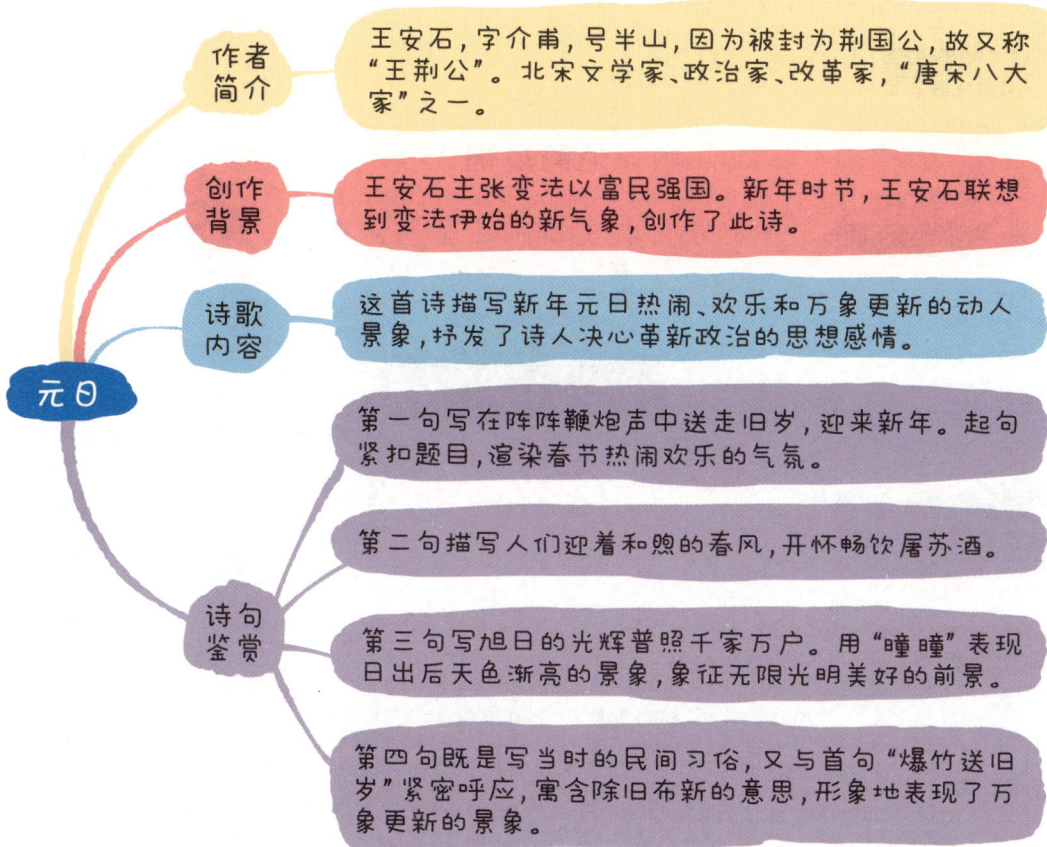

作者简介
王安石,字介甫,号半山,因为被封为荆国公,故又称"王荆公"。北宋文学家、政治家、改革家,"唐宋八大家"之一。

创作背景
王安石主张变法以富民强国。新年时节,王安石联想到变法伊始的新气象,创作了此诗。

诗歌内容
这首诗描写新年元日热闹、欢乐和万象更新的动人景象,抒发了诗人决心革新政治的思想感情。

元日

诗句鉴赏

第一句写在阵阵鞭炮声中送走旧岁,迎来新年。起句紧扣题目,渲染春节热闹欢乐的气氛。

第二句描写人们迎着和煦的春风,开怀畅饮屠苏酒。

第三句写旭日的光辉普照千家万户。用"曈曈"表现日出后天色渐亮的景象,象征无限光明美好的前景。

第四句既是写当时的民间习俗,又与首句"爆竹送旧岁"紧密呼应,寓含除旧布新的意思,形象地表现了万象更新的景象。

拓展训练

❶这首诗是_____代诗人_____的诗作,描写的是_____时候的景象。

❷写出下列加点字词的意思。

（1）元日　　　　　　　　元日：_____

（2）千门万户曈曈日　　　曈曈：_____

（3）总把新桃换旧符　　　新桃换旧符：_____

❸默写这首诗并用"╱"给诗句划分朗读节奏。

_____

_____

❹这首诗的最后两句是什么意思？

_____

泊船❶瓜洲❷

宋/王安石　七言绝句/抒情诗/思乡诗

导图识记

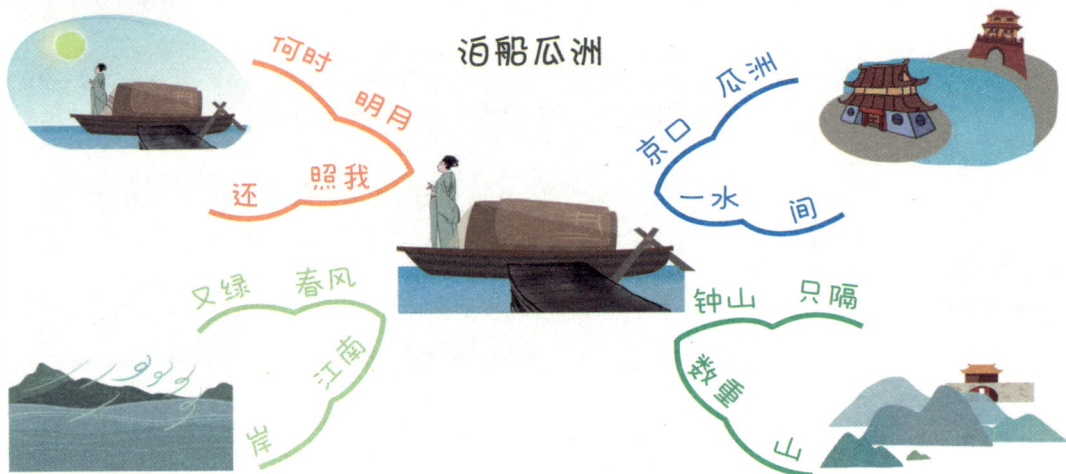

原诗注音

jīng kǒu　guā zhōu yì shuǐ jiān　zhōng shān　zhǐ gé shù chóng shān

京口❸瓜洲一水间，钟山❹只隔数重山。

chūn fēng yòu lǜ　jiāng nán àn　míng yuè hé shí zhào wǒ huán

春风又绿❺江南岸，明月何时照我还。

注释

❶ 泊船：停船。泊，停泊，指停船靠岸。

❷ 瓜洲：在今江苏扬州一带，位于长江北岸。

❸ 京口：在今江苏镇江，位于长江南岸。

❹ 钟山：今江苏南京紫金山。

❺ 绿：吹绿。

诗意

春日夜里，行船停泊在瓜洲岸边，我隔江遥望对岸的京口，心里想，这里与我居住的钟山也就只隔着几座大山。和煦的春风吹绿了长江南岸的草木，而我何时才能在皎洁月光的照耀下返回家乡呢？

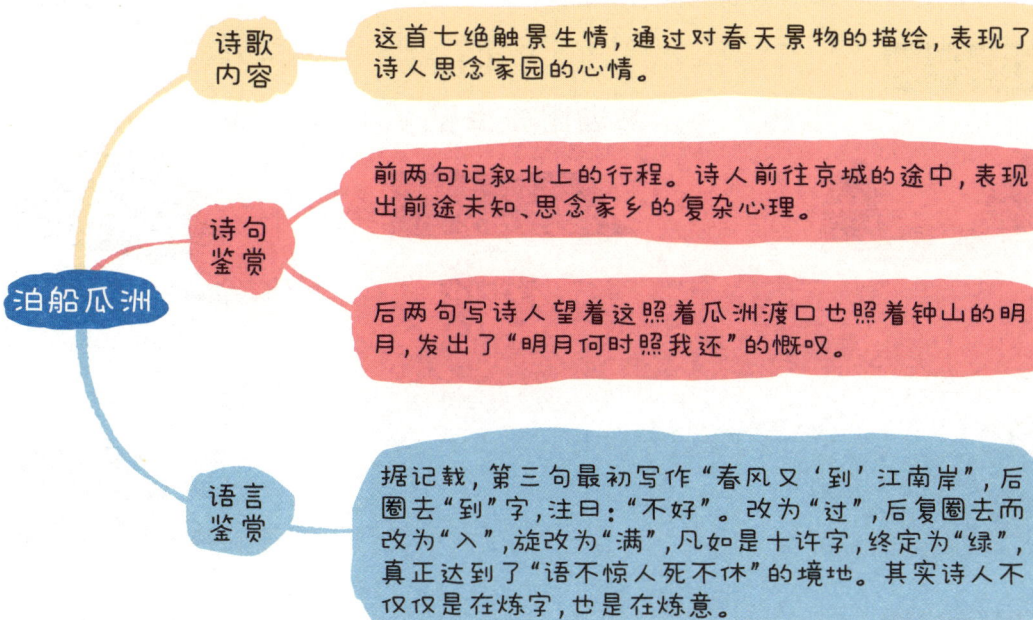

导图鉴赏

泊船瓜洲

- **诗歌内容**：这首七绝触景生情，通过对春天景物的描绘，表现了诗人思念家园的心情。

- **诗句鉴赏**
  - 前两句记叙北上的行程。诗人前往京城的途中，表现出前途未知、思念家乡的复杂心理。
  - 后两句写诗人望着这照着瓜洲渡口也照着钟山的明月，发出了"明月何时照我还"的慨叹。

- **语言鉴赏**：据记载，第三句最初写作"春风又'到'江南岸"，后圈去"到"字，注曰："不好"。改为"过"，后复圈去而改为"入"，旋改为"满"，凡如是十许字，终定为"绿"，真正达到了"语不惊人死不休"的境地。其实诗人不仅仅是在炼字，也是在炼意。

拓展训练

❶ 关于这首诗，下列说法不正确的一项是（　　　）

　　A. 这是一首著名的抒情小诗，抒发了诗人思念家园的深切感情。

　　B. "绿"字充满色彩感，而且包含动感，增加了生动性，着意创造了一种意境。

　　C. "京口"与"瓜洲"这么近，中间隔着一条江水。诗人联想到家园所在的钟山隔了几重山，还比较远，无法回去。

　　D. "明月何时照我还"一句采用疑问的形式，进一步加深了思乡之情。

❷ 默写这首诗并用"／"给诗句划分朗读节奏。

_____

_____

❸ 这首诗的"绿"字历来为人称道，还有哪些古诗中的字眼你印象最深？写一写。

_____

书①湖阴先生壁

宋／王安石　七言绝句／写景诗

导图识记

书湖阴先生壁

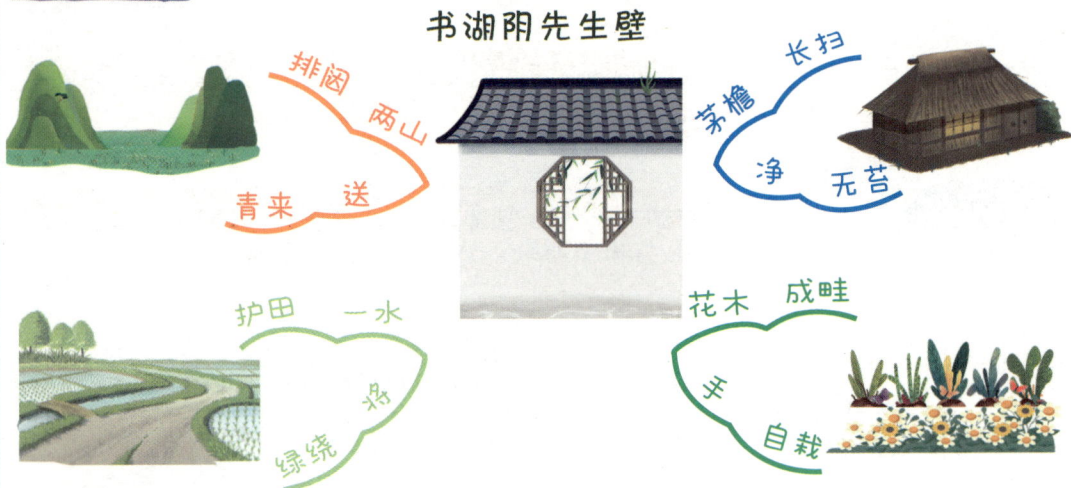

排闼　两山

青来　送

茅檐　长扫

净　无苔

护田　一水

将

绿绕

花木　成畦

手

自栽

原诗注音

máo yán　　cháng sǎo jìng wú tái
茅檐② 长扫净无苔③ ，

huā mù chéng qí　shǒu zì　zāi
花木成畦④手自栽。

yì shuǐ hù tián　jiāng lù rào
一水护田⑤ 将绿绕，

liǎng shān pái tà　sòng qīng lái
两山排闼⑥ 送青来⑦ 。

注释

① 书：书写，题诗。

② 茅檐：茅屋檐下，这里指庭院。

③ 无苔：没有青苔。

④ 成畦：成垄成行。畦，这里指种有花木的一块块排列整齐的土地，周围有土埂围着。

⑤ 护田：这里指环绕着园田。

⑥ 排闼：推开门。闼，小门。

⑦ 送青来：送来绿色。

诗意

茅草房、庭院经常打扫，洁净得没有一丝青苔，花草树木成行满畦，都是主人亲手栽种。庭院外一条小河护卫着农田，将绿色的田地环绕；两座青山推开门，送来青翠的山色。

创作背景
王安石二次罢相后，在金陵郊外的半山园居住长达十年。在这段时间里，王安石与隐居紫金山的湖阴先生杨德逢交往甚密。

诗歌内容
本诗通过对湖阴先生庭院内外几处景物的描写，巧妙地勾画了一个清静脱俗、朴实勤劳的湖阴先生的形象，细腻而隐讳地表达了诗人退隐闲居的恬淡心境。

书湖阴先生壁

诗句鉴赏
前两句写湖阴先生家的环境洁净清幽，暗示主人生活情趣的高雅。

后两句转到院外，写山水对湖阴先生的深情，暗用"护田"与"排闼"两个典故，把山水化成了具有生命感情的形象，山水主动与人相亲，表现了人的高洁。

手法鉴赏
本诗综合运用了对偶、拟人、用典等修辞手法，把山水写得有情有趣。

拓展训练

❶ 写出下列加点字的意思。

（1）书湖阴先生壁　　　　书：＿＿＿＿＿＿＿＿＿

（2）一水护田将绿绕　　　护：＿＿＿＿＿＿＿＿＿

（3）两山排闼送青来　　　排：＿＿＿＿＿＿＿＿＿

❷ 默写这首诗并用"／"给诗句划分朗读节奏。

＿＿＿＿＿＿＿＿＿＿＿＿＿＿＿＿＿＿＿＿＿＿＿＿＿＿＿＿＿＿

＿＿＿＿＿＿＿＿＿＿＿＿＿＿＿＿＿＿＿＿＿＿＿＿＿＿＿＿＿＿

❸ 写出两句景物拟人化的诗句。

＿＿＿＿＿＿＿＿＿＿＿＿＿＿＿＿＿＿＿＿＿＿＿＿＿＿＿＿＿＿

六月二十七日望湖楼醉书

宋／苏轼　七言绝句／写景诗

导图识记

六月二十七日望湖楼醉书

楼下 望湖 水 如天

翻墨 黑云 未遮 山

风来 卷地 忽 吹散

白雨 跳珠 乱入 船

原诗注音

hēi yún fān mò　wèi zhē shān　　bái yǔ　tiào zhū luàn rù chuán
黑云翻墨①未遮②山，白雨③跳珠乱入船。

juǎn dì fēng lái hū　chuī sàn　　wàng hú lóu xià shuǐ rú tiān
卷地风来忽④吹散，望湖楼下水如天⑤。

注释

① 翻墨：打翻的黑墨水，形容云层很黑。

② 遮：遮盖，遮挡。

③ 白雨：指夏日阵雨的特殊景象，因雨点大而猛，在湖光山色的衬托下，显得白而透明。

④ 忽：突然。

⑤ 水如天：形容湖面像天空一般开阔。

诗意

乌云上涌，就如墨汁泼下，却又在天边露出山峦，大雨激起的水花如白珠碎石，飞溅入船。忽然间狂风卷地而来，吹散了满天的乌云，而那湖水如同天空一般开阔。

作者简介

苏轼,字子瞻,号东坡居士,世称"苏东坡",北宋著名的文学家、书法家、画家。其诗题材广阔,清新豪健,与黄庭坚并称"苏黄";其词开豪放一派,与辛弃疾并称"苏辛";其散文著述宏富,为"唐宋八大家"之一。

诗歌内容

这首诗写的是夏天西湖下阵雨时的景象。诗中抓住阵雨的特点,描绘出雨前、雨中、雨后不同的情景。全诗表达了诗人对西湖的喜爱之情。

六月二十七日望湖楼醉书

诗句鉴赏

第一句写云:黑云像打翻了的黑墨水,还未来得及把山遮住。第二句写雨:白亮亮的雨点落在湖面溅起无数水花,乱纷纷地跳进船舱。第三句写风:猛然间,狂风席卷大地,吹得湖面上刹时雨散云飞。

第四句写天和水:雨过天晴,风平浪息,诗人舍船登楼,凭栏而望,只见湖面上云入水,水映天,水色和天光一样的明净。

语言鉴赏

一个"未"字,突出了天气变化之快;一个"跳"字,一个"乱"字,写出了暴雨之大,雨点之急。"忽"字用得十分轻巧,却突出了天色变化之快,显示了风的巨大威力。

拓展训练

❶ 这首诗的作者是_____(朝代)诗人_____,字_____,号_____,是"_____"之一。

❷ 写出下列加点字词的意思。

(1)黑云翻墨未遮山　　　　遮:_____

(2)卷地风来忽吹散　　　　忽:_____

(3)望湖楼下水如天　　　　水如天:_____

❸ 请说说"白雨跳珠乱入船"一句中"跳珠"的妙处。

_____

_____

饮湖上初晴后雨

宋／苏轼　七言绝句／写景诗

导图识记

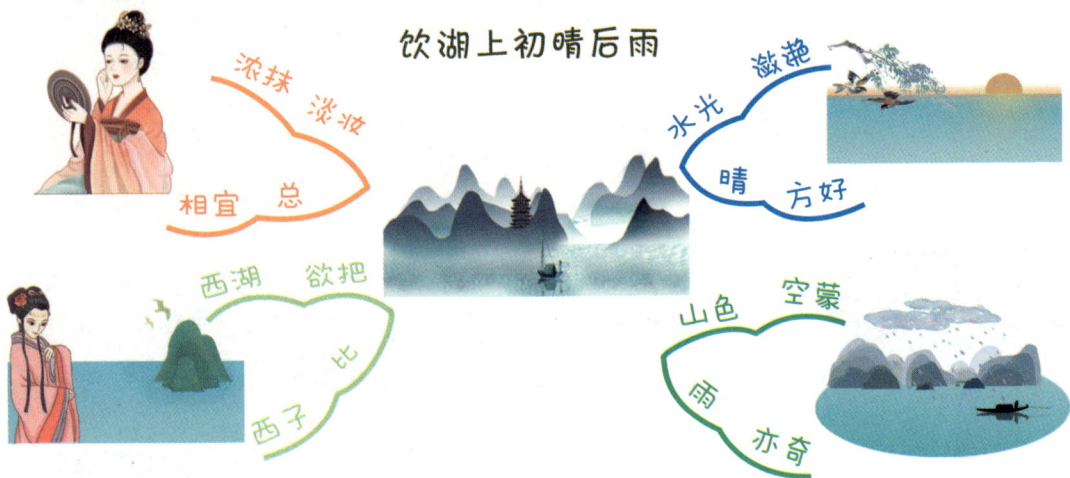

饮湖上初晴后雨

浓抹　淡妆
相宜　总

水光　潋滟
晴　方好

西湖　欲把
比
西子

山色　空蒙
雨　亦奇

原诗注音

shuǐ guāng liàn yàn　qíng fāng　hǎo　　shān sè kōng méng　yǔ yì　qí

水 光 潋 滟① 晴 方② 好， 山 色 空 蒙③ 雨 亦④ 奇⑤ 。

yù bǎ xī hú bǐ xī zǐ　　dàn zhuāng nóng mǒ zǒng xiāng yí

欲 把 西 湖 比 西 子⑥， 淡 妆 浓 抹 总 相 宜⑦ 。

注释

① 潋滟：波光闪动的样子。

② 方：正。

③ 空蒙：迷茫缥缈的样子。

④ 亦：也。

⑤ 奇：奇妙。

⑥ 西子：即西施，传为春秋时代越国的美女。

⑦ 总相宜：总是很合适，十分自然。

诗意

晴天，西湖水波荡漾，在阳光照耀下光彩熠熠，美极了；下雨时，远处的山笼罩在烟雨之中，时隐时现，眼前一片迷蒙，这朦胧的景色也是非常漂亮的。如果把美丽的西湖比作美人西施，那么淡妆也好，浓妆也罢，总能很好地烘托出其天生丽质和迷人神韵。

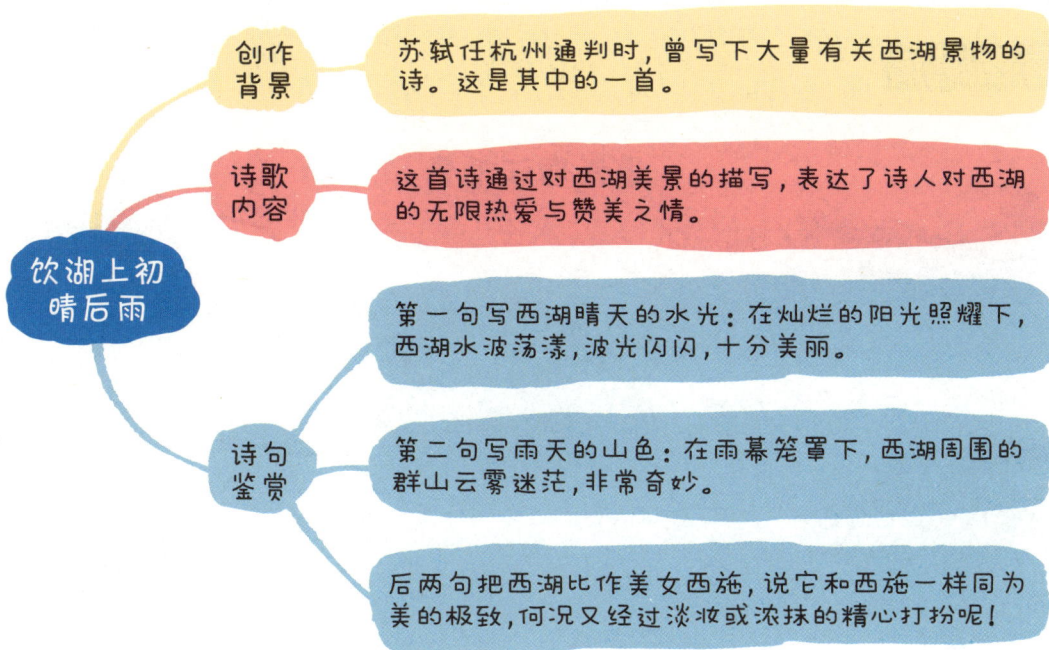

导图鉴赏

饮湖上初晴后雨

- **创作背景**：苏轼任杭州通判时，曾写下大量有关西湖景物的诗。这是其中的一首。

- **诗歌内容**：这首诗通过对西湖美景的描写，表达了诗人对西湖的无限热爱与赞美之情。

- **诗句鉴赏**：
  - 第一句写西湖晴天的水光：在灿烂的阳光照耀下，西湖水波荡漾，波光闪闪，十分美丽。
  - 第二句写雨天的山色：在雨幕笼罩下，西湖周围的群山云雾迷茫，非常奇妙。
  - 后两句把西湖比作美女西施，说它和西施一样同为美的极致，何况又经过淡妆或浓抹的精心打扮呢！

拓展训练

❶ 这首诗主要描绘了_____（地点）的湖光山色。

❷ 这首诗中描写西湖在阳光照耀下波光闪闪、十分美丽的诗句是"_____
_____"；描写雨中的西湖，周围的群山云雾迷茫、非常奇妙的诗句
是"_____"。

❸ 写出下列加点字词的意思。

（1）水光潋滟晴方好　　潋滟：_____　　方：_____
（2）山色空蒙雨亦奇　　空蒙：_____　　亦：_____

❹ 默写这首诗。

_____

_____

❺ 说一说诗歌前两句描绘的画面。

_____

惠崇①春江晚景

宋／苏轼　七言绝句／写景诗／题画诗

导图识记

惠崇春江晚景

河豚 正是 时 欲上

满地 蒌蒿 芦芽 短

竹外 桃花 三两 枝

春江 水暖 鸭 先知

原诗注音

zhú wài táo huā sān liǎng zhī
竹外桃花三两枝，

chūn jiāng shuǐ nuǎn yā xiān zhī
春江水暖鸭先知。

lóu hāo mǎn dì lú yá duǎn
蒌蒿满地芦芽②短，

zhèng shì hé tún yù shàng shí
正是河豚欲上③时。

注释

① 惠崇：北宋名僧，能诗善画。这首诗是苏轼为惠崇的画作《春江晚景》所写的题画诗。

② 芦芽：芦苇的嫩芽。

③ 上：指逆江流而上。

诗意

竹林外两三枝桃花初放，鸭子在水中游戏，它们最先察觉了初春江水的回暖。河滩上已满是蒌蒿，芦笋也开始抽芽，而河豚此时正要逆流而上，从大海回游到江河里来了。

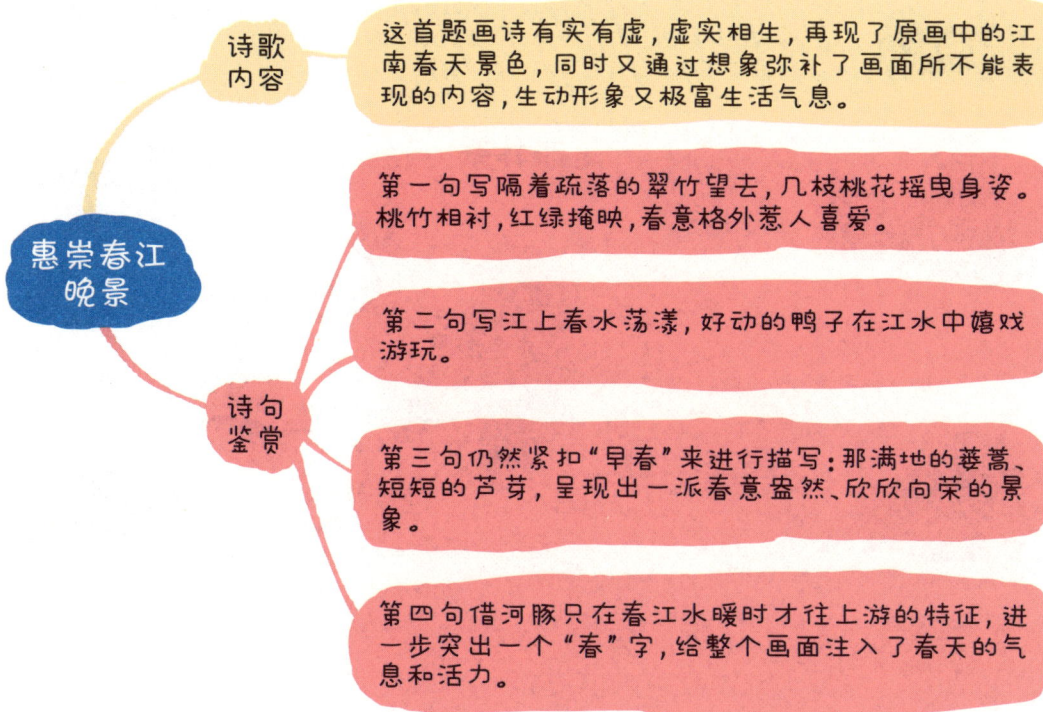

导图鉴赏

诗歌内容
这首题画诗有实有虚，虚实相生，再现了原画中的江南春天景色，同时又通过想象弥补了画面所不能表现的内容，生动形象又极富生活气息。

惠崇春江晚景

诗句鉴赏

第一句写隔着疏落的翠竹望去，几枝桃花摇曳身姿。桃竹相衬，红绿掩映，春意格外惹人喜爱。

第二句写江上春水荡漾，好动的鸭子在江水中嬉戏游玩。

第三句仍然紧扣"早春"来进行描写：那满地的蒌蒿、短短的芦芽，呈现出一派春意盎然、欣欣向荣的景象。

第四句借河豚只在春江水暖时才往上游的特征，进一步突出一个"春"字，给整个画面注入了春天的气息和活力。

拓展训练

❶ 这首诗的作者苏轼，与其父_____、其弟_____并称为"三苏"。

❷ 这首诗描写的景物有动有静，静态的景物有_____、_____、_____、_____和_____，动态的景物有_____和_____。

❸ 默写这首诗。

_____

_____

❹ "春江水暖鸭先知"这句诗是什么意思？

_____

_____

题西林壁[1]

宋／苏轼　七言绝句／写景诗／哲理诗

导图识记

题西林壁

身在　只缘
中　此山

横看　成岭
侧　成峰

庐山　不识
面目　真

远近　高低
各　不同

原诗注音

héng kàn chéng lǐng cè chéng fēng　　yuǎn jìn gāo dī gè bù tóng
横看[2] 成岭侧[3] 成峰，远近高低各不同。
bù shí　lú shān zhēn miàn mù　　zhǐ yuán　shēn zài　cǐ shān zhōng
不识[4] 庐山真面目，只缘[5] 身在此山中。

注释

[1] 题西林壁：写在西林寺的墙壁上。题，书写、题写。西林，西林寺，在今江西庐山脚下。

[2] 横看：从正面看。

[3] 侧：侧面。

[4] 不识：不能认识，不能辨别。

[5] 缘：因为。

诗意

从正面、侧面看庐山，山岭连绵起伏、山峰耸立，从远处、近处、高处、低处看庐山，庐山呈现不同的样子。不能看清楚庐山的真实模样，只是因为我正处在庐山之中。

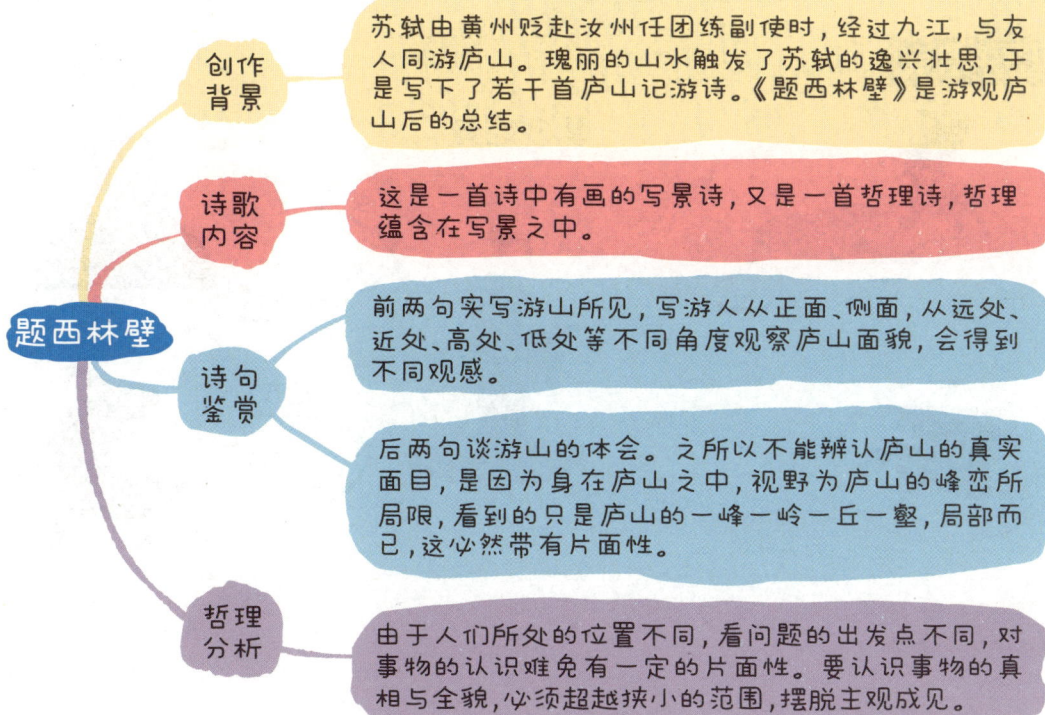

导图鉴赏

创作背景　苏轼由黄州贬赴汝州任团练副使时，经过九江，与友人同游庐山。瑰丽的山水触发了苏轼的逸兴壮思，于是写下了若干首庐山记游诗。《题西林壁》是游观庐山后的总结。

诗歌内容　这是一首诗中有画的写景诗，又是一首哲理诗，哲理蕴含在写景之中。

诗句鉴赏

前两句实写游山所见，写游人从正面、侧面，从远处、近处、高处、低处等不同角度观察庐山面貌，会得到不同观感。

后两句谈游山的体会。之所以不能辨认庐山的真实面目，是因为身在庐山之中，视野为庐山的峰峦所局限，看到的只是庐山的一峰一岭一丘一壑，局部而已，这必然带有片面性。

哲理分析　由于人们所处的位置不同，看问题的出发点不同，对事物的认识难免有一定的片面性。要认识事物的真相与全貌，必须超越狭小的范围，摆脱主观成见。

拓展训练

❶ 从这首诗中，我们得到的启发是（　　　）

A. 对复杂的事物，只要看到一方面，就能推断出其他方面。

B. 对复杂的事物，应多角度观察，抓住主要的方面思考，就能得出准确结论。

C. 对复杂的事物，既要多方面观察，调查了解，又要亲身体验分析。

❷ 写出下列加点字的意思。

（1）题西林壁　　　　　题：＿＿＿＿＿＿＿＿

（2）不识庐山真面目　　识：＿＿＿＿＿＿＿＿

（3）只缘身在此山中　　缘：＿＿＿＿＿＿＿＿

❸ 俗话说："当局者迷，旁观者清。"这首诗中的"＿＿＿＿＿＿＿＿＿＿＿＿，

＿＿＿＿＿＿＿＿＿＿＿＿"两句说的也是这个道理。

夏日绝句

宋/李清照 五言绝句/怀古诗

导图识记

夏日绝句

不肯
江东 过

生当
作 人杰

至今
思
项羽

死亦
为 鬼雄

原诗注音

shēng dāng zuò rén jié　　　　　sǐ yì wéi guǐ xióng
生 当 作人杰❶， 死亦为鬼雄❷。

zhì jīn sī xiàng yǔ　　　　bù kěn guò jiāng dōng
至今思项羽❸， 不肯过江东❹。

注释

❶ 人杰：人中的豪杰。汉高祖曾称赞开国功臣张良、萧何、韩信是"人杰"。

❷ 鬼雄：鬼中的英雄。

❸ 项羽：秦朝末年的起义军领袖，后来与刘邦争夺天下，失败后自杀。

❹ 江东：长江在安徽芜湖、江苏南京间作西南、东北流向，古人习惯上称自此以下的长江南岸地区为江东。

诗意

生时应当做人中豪杰，死后也要做鬼中英雄。到今天人们还在怀念项羽，因为他不肯苟且偷生而退回江东。

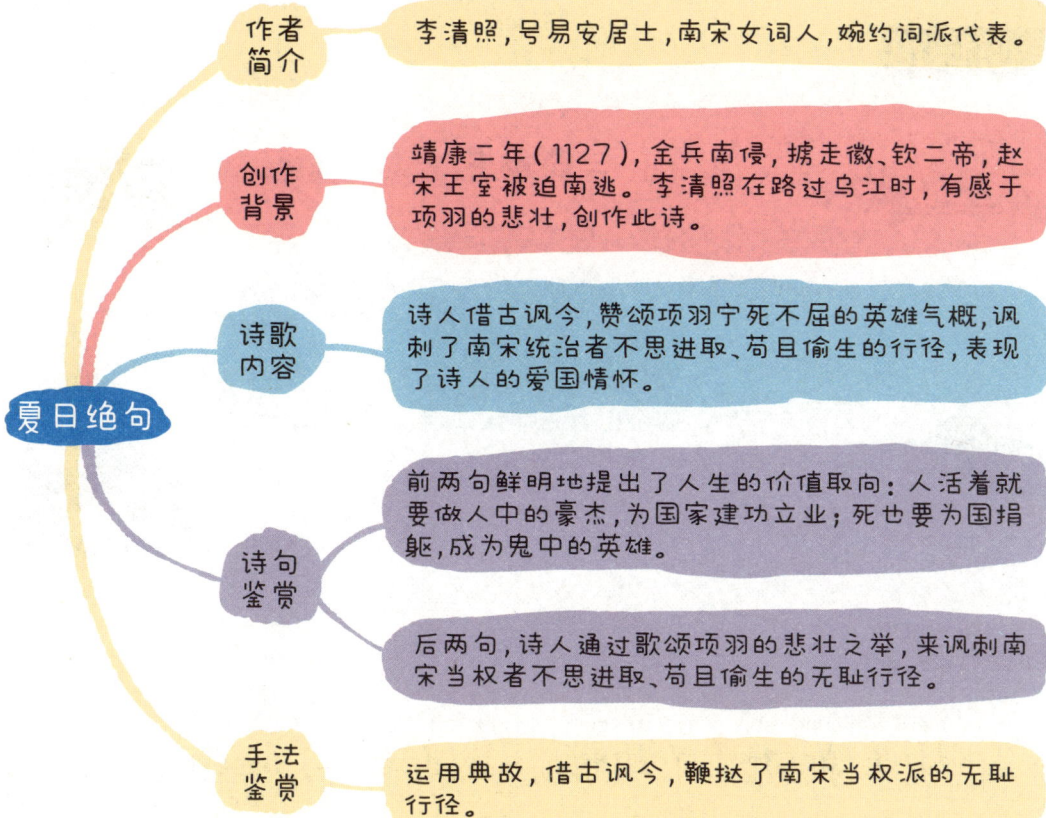

作者简介：李清照，号易安居士，南宋女词人，婉约词派代表。

创作背景：靖康二年（1127），金兵南侵，掳走徽、钦二帝，赵宋王室被迫南逃。李清照在路过乌江时，有感于项羽的悲壮，创作此诗。

诗歌内容：诗人借古讽今，赞颂项羽宁死不屈的英雄气概，讽刺了南宋统治者不思进取、苟且偷生的行径，表现了诗人的爱国情怀。

夏日绝句

诗句鉴赏：前两句鲜明地提出了人生的价值取向：人活着就要做人中的豪杰，为国家建功立业；死也要为国捐躯，成为鬼中的英雄。

后两句，诗人通过歌颂项羽的悲壮之举，来讽刺南宋当权者不思进取、苟且偷生的无耻行径。

手法鉴赏：运用典故，借古讽今，鞭挞了南宋当权派的无耻行径。

拓展训练

❶ 这首诗的作者是_____（朝代）的_____，号_____。

❷ 诗人运用_____的手法，赞美了_____（人物）宁死不屈的英雄气概，讽刺了南宋统治者屈辱偷生的行径。

❸ 默写这首诗。

_____

_____

❹ 杜牧有一首诗写的也是这首诗的主人公，试着背一背并默写。

_____

_____

三衢道中

宋／曾几　七言绝句／写景诗

导图识记

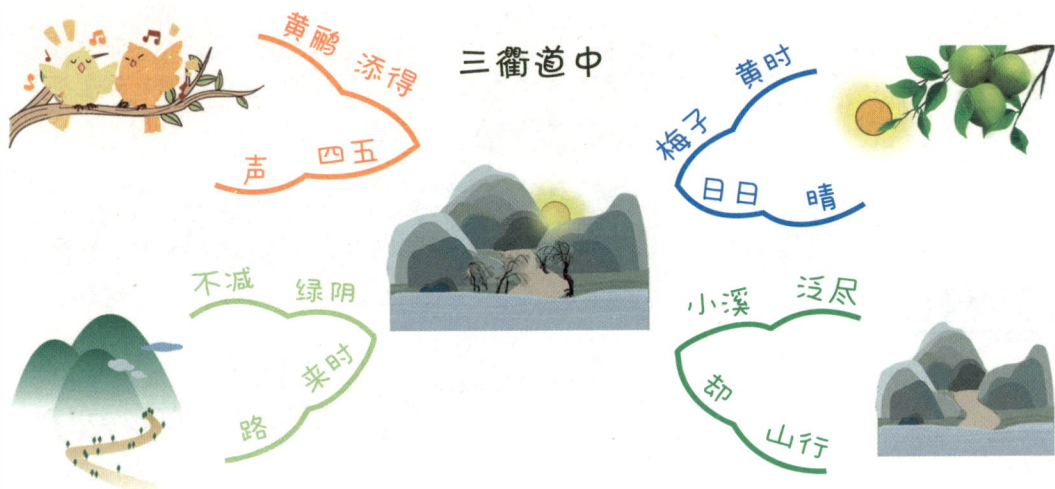

黄鹂　添得　声　四五

三衢道中

梅子　黄时　日日　晴

不减　绿阴　来时　路

小溪　泛尽　却　山行

原诗注音

méi zi huáng shí rì rì qíng　xiǎo xī fàn jìn　què shān xíng
梅子黄时❶日日晴，小溪泛尽❷却山行❸。

lù yīn bù jiǎn lái shí lù　tiān dé huáng lí sì wǔ shēng
绿阴❹不减❺来时路，添得黄鹂四五声。

注释

❶ 梅子黄时：指五月，梅子成熟的季节。

❷ 小溪泛尽：乘小船到小溪的尽头。小溪，小河沟。泛，乘船。尽，尽头。

❸ 却山行：再走山间小路。却，再、又。

❹ 阴：树荫。

❺ 不减：并没有少多少，差不多。

诗意

梅子成熟的时候，天天都是好天气，乘小舟沿着小溪而行，走到了小溪的尽头，再改走山路继续前行。山路上苍翠的树，与来的时候一样浓密，深林丛中传来几声黄鹂的叫声。

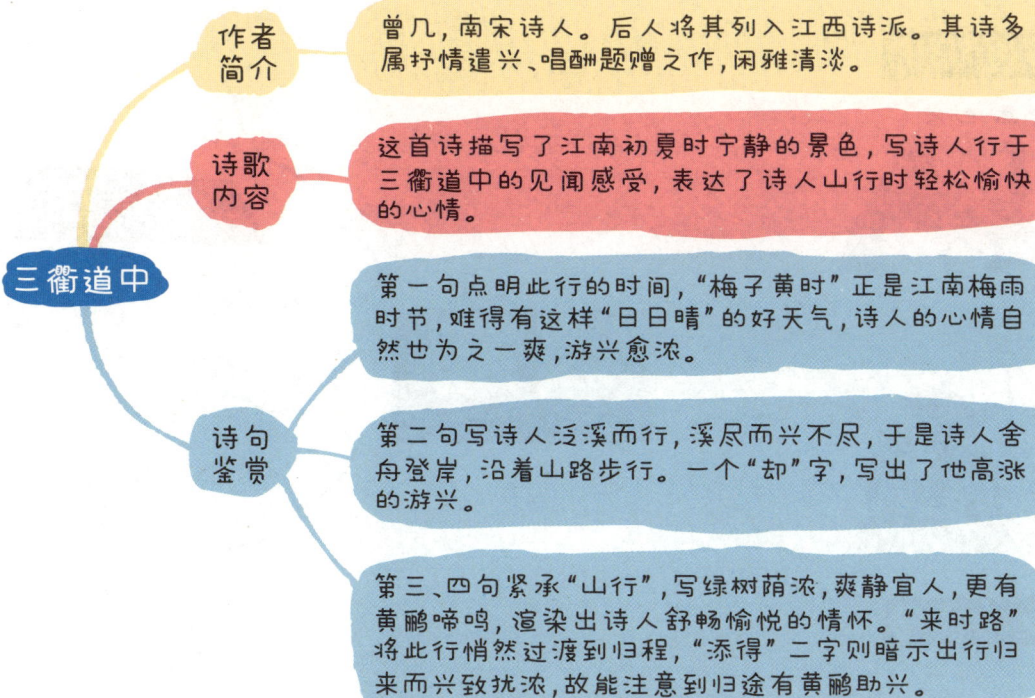

作者简介：曾几，南宋诗人。后人将其列入江西诗派。其诗多属抒情遣兴、唱酬题赠之作，闲雅清淡。

诗歌内容：这首诗描写了江南初夏时宁静的景色，写诗人行于三衢道中的见闻感受，表达了诗人山行时轻松愉快的心情。

三衢道中

诗句鉴赏：

第一句点明此行的时间，"梅子黄时"正是江南梅雨时节，难得有这样"日日晴"的好天气，诗人的心情自然也为之一爽，游兴愈浓。

第二句写诗人泛溪而行，溪尽而兴不尽，于是诗人舍舟登岸，沿着山路步行。一个"却"字，写出了他高涨的游兴。

第三、四句紧承"山行"，写绿树荫浓，爽静宜人，更有黄鹂啼鸣，宣染出诗人舒畅愉悦的情怀。"来时路"将此行悄然过渡到归程，"添得"二字则暗示出行归来而兴致扰浓，故能注意到归途有黄鹂助兴。

拓展训练

❶ 这首诗的作者是＿＿＿＿＿＿，他是＿＿＿＿代诗人。

❷ 这首诗所写的时节是＿＿＿＿＿＿，天气情况是＿＿＿＿＿＿。诗人看到的景物有＿＿＿＿＿＿、＿＿＿＿＿＿、＿＿＿＿＿＿和＿＿＿＿＿＿，听到的有＿＿＿＿＿＿。（用原诗中的字词回答）

❸ 写出下列加点字的意思。

（1）小溪泛尽却山行　泛：＿＿＿＿＿＿　却：＿＿＿＿＿＿

（2）绿阴不减来时路　阴：＿＿＿＿＿＿

❹ 默写这首诗并用"／"给诗句划分朗读节奏。

＿＿＿＿＿＿＿＿＿＿＿＿＿＿＿＿＿＿＿＿＿＿＿＿＿＿＿＿＿＿

＿＿＿＿＿＿＿＿＿＿＿＿＿＿＿＿＿＿＿＿＿＿＿＿＿＿＿＿＿＿

示 儿

宋／陆游　七言绝句／爱国诗

导图识记

中原已定

无忘 家祭

乃翁 告

北定 王师

日 中原

示儿

死去 元知

万事 空

但悲 不见

九州 同

原诗注音

sǐ qù yuán zhī wàn shì kōng
死去元②知万事空③，

dàn bēi bú jiàn jiǔ zhōu tóng
但④悲不见九州⑤同。

wáng shī běi dìng zhōng yuán rì
王师⑥北定中原日，

jiā jì wú wàng gào nǎi wēng
家祭无忘告乃翁⑦。

注释

① 示儿：给儿子看。这首诗是陆游临终前写给儿子的。

② 元：同"原"，本来。

③ 万事空：什么也没有了。

④ 但：只是。

⑤ 九州：古代中国曾分为九个州，这里代指全国。

⑥ 王师：指南宋朝廷的军队。

⑦ 乃翁：你们的父亲。

诗意

本来知道人死了什么都没有了，只是为看不见全国统一而感到悲伤。南宋的军队向北方进军、收复中原的时候，祭祀祖先时不要忘了（把收复中原的这件事）告诉你们的父亲。

导图鉴赏

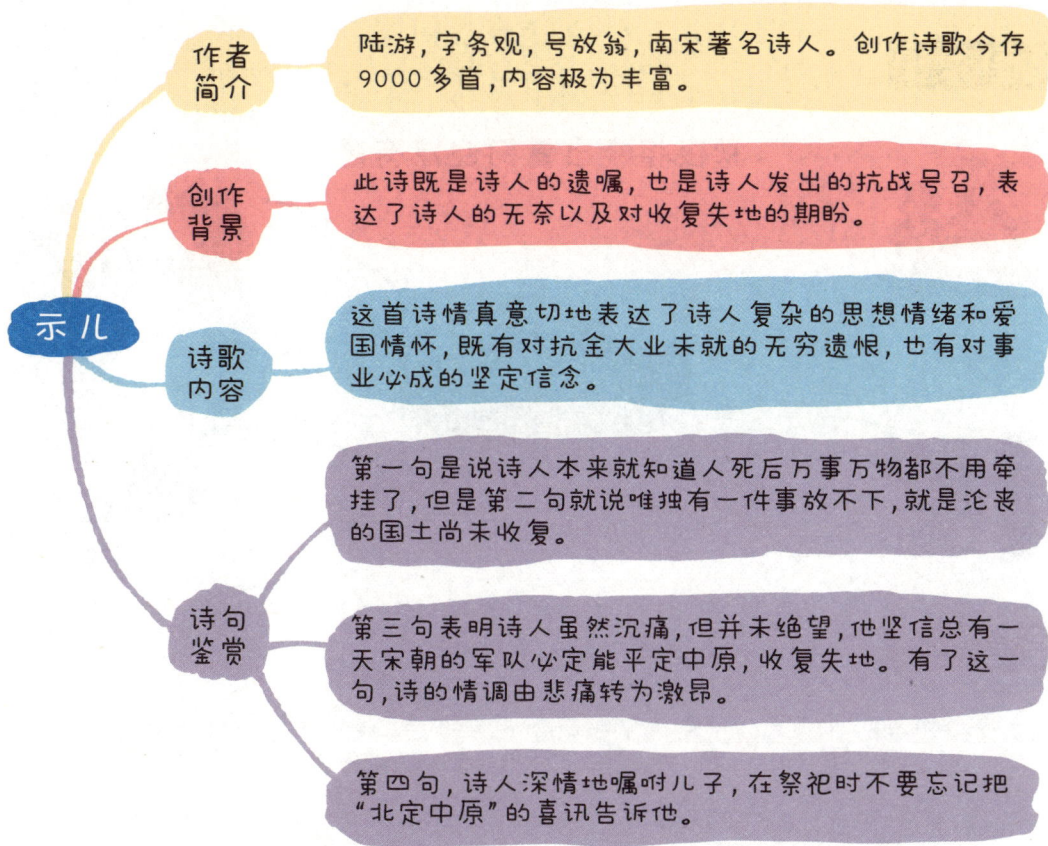

作者简介 陆游,字务观,号放翁,南宋著名诗人。创作诗歌今存9000多首,内容极为丰富。

创作背景 此诗既是诗人的遗嘱,也是诗人发出的抗战号召,表达了诗人的无奈以及对收复失地的期盼。

示儿

诗歌内容 这首诗情真意切地表达了诗人复杂的思想情绪和爱国情怀,既有对抗金大业未就的无穷遗恨,也有对事业必成的坚定信念。

诗句鉴赏

第一句是说诗人本来就知道人死后万事万物都不用牵挂了,但是第二句就说唯独有一件事放不下,就是沦丧的国土尚未收复。

第三句表明诗人虽然沉痛,但并未绝望,他坚信总有一天宋朝的军队必定能平定中原,收复失地。有了这一句,诗的情调由悲痛转为激昂。

第四句,诗人深情地嘱咐儿子,在祭祀时不要忘记把"北定中原"的喜讯告诉他。

拓展训练

❶ 这首诗的作者是_____(朝代)诗人_____,字_____,号_____。

❷ 写出下列加点字词的意思。

(1)示儿　　　　　　　　示儿:_____

(2)死去元知万事空　　　元:_____

(3)但悲不见九州同　　　但:_____

(4)家祭无忘告乃翁　　　乃翁:_____

❸ 在这首诗中,"九州"指的是_____,"王师"指的是_____。

秋夜将晓[1]出篱门迎凉有感

宋／陆游　七言绝句／爱国诗

导图识记

秋夜将晓出篱门迎凉有感

王师 南望
一年 又
泪尽 遗民
胡尘
里
三万里 河
东 入海
五千仞 岳
上 摩天

原诗注音

sān wàn lǐ hé　dōng rù hǎi　　wǔ qiān rèn yuè　shàng mó tiān
三万里河[2]东入海，五千仞岳[3]上摩天[4]。

yí mín lèi jìn hú chén lǐ　　nán wàng wáng shī　yòu yì nián
遗民泪尽胡尘里，南望王师[5]又一年。

注释

[1] 将晓：快要天亮。

[2] 三万里河：指黄河。"三万里"形容很长。

[3] 五千仞岳：指华山。仞，长度单位。五千仞，形容很高。

[4] 摩天：碰到天。

[5] 王师：指南宋朝廷的军队。

诗意

几万里长的黄河奔腾向东流入大海，几千仞高的华山耸入云霄触摸青天。中原百姓在金朝统治者压迫下眼泪已流尽，他们盼望王师北伐盼了一年又一年。

导图鉴赏

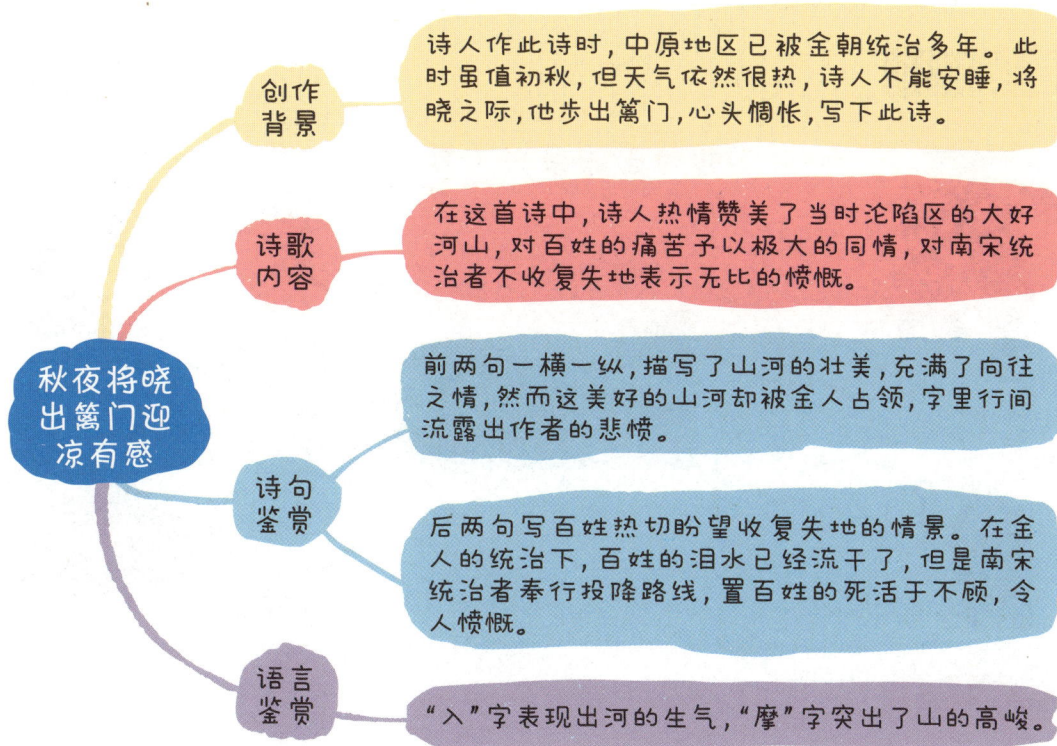

秋夜将晓出篱门迎凉有感

- **创作背景**：诗人作此诗时，中原地区已被金朝统治多年。此时虽值初秋，但天气依然很热，诗人不能安睡，将晓之际，他步出篱门，心头惆怅，写下此诗。

- **诗歌内容**：在这首诗中，诗人热情赞美了当时沦陷区的大好河山，对百姓的痛苦予以极大的同情，对南宋统治者不收复失地表示无比的愤慨。

- **诗句鉴赏**：
  - 前两句一横一纵，描写了山河的壮美，充满了向往之情，然而这美好的山河却被金人占领，字里行间流露出作者的悲愤。
  - 后两句写百姓热切盼望收复失地的情景。在金人的统治下，百姓的泪水已经流干了，但是南宋统治者奉行投降路线，置百姓的死活于不顾，令人愤慨。

- **语言鉴赏**："入"字表现出河的生气，"摩"字突出了山的高峻。

拓展训练

❶ 诗中描写的"河"指的是＿＿＿＿＿，"岳"指的是＿＿＿＿＿，"遗民"指的是＿＿＿＿＿＿＿＿＿＿，"王师"指的是＿＿＿＿＿＿＿＿＿＿。

❷ 判断下列说法的对错。对的画"√"，错的画"×"。

（1）"三万里河东入海，五千仞岳上摩天"主要运用了夸张、对偶的修辞手法。（　　）

（2）诗中写的是诗人深夜看到的景象和感受。（　　）

（3）"三万""五千"都是准确的数字，"河"共有"三万里"，"岳"共有"五千仞"。（　　）

❸ 默写这首诗并用"／"给诗句划分朗读节奏。

＿＿＿＿＿＿＿＿＿＿＿＿＿＿＿＿＿＿＿＿＿＿＿＿＿＿＿＿

＿＿＿＿＿＿＿＿＿＿＿＿＿＿＿＿＿＿＿＿＿＿＿＿＿＿＿＿

四时田园杂兴①（其一）

宋／范成大　七言绝句／田园诗

导图识记

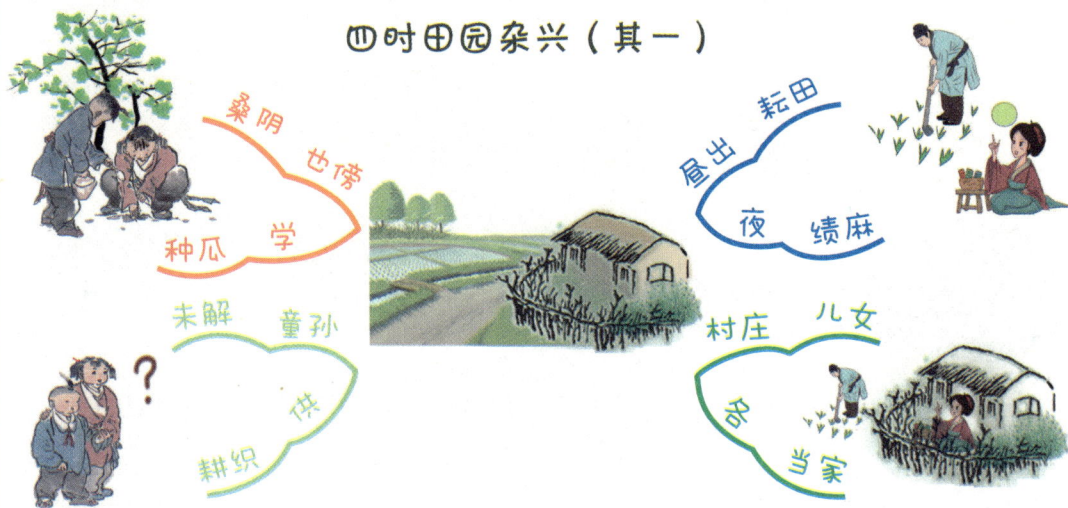

四时田园杂兴（其一）

桑阴 也傍 种瓜 学

未解 童孙 供 耕织

昼出 耘田 夜 绩麻

村庄 儿女 各 当家

原诗注音

zhòu chū yún tián　yè jì má
昼出耘田②夜绩麻③，

cūn zhuāng ér nǚ gè dāng jiā
村 庄 儿女各当家。

tóng sūn wèi jiě　gòng gēng zhī
童孙未解④供⑤耕织，

yě bàng sāng yīn　xué zhòng guā
也傍⑥桑阴⑦学 种 瓜。

注释

① 杂兴：随兴而写的诗。

② 耘田：在田间劳作。

③ 绩麻：把麻搓成线。

④ 解：理解，懂得。

⑤ 供：从事。

⑥ 傍：靠近。

⑦ 阴：树荫。

诗意

白天在田间锄草，夜晚在家把麻搓成线，村中男男女女各有各的活儿要做。小孩子虽然不会耕田织布，也在那桑树荫下学着种瓜。

导图鉴赏

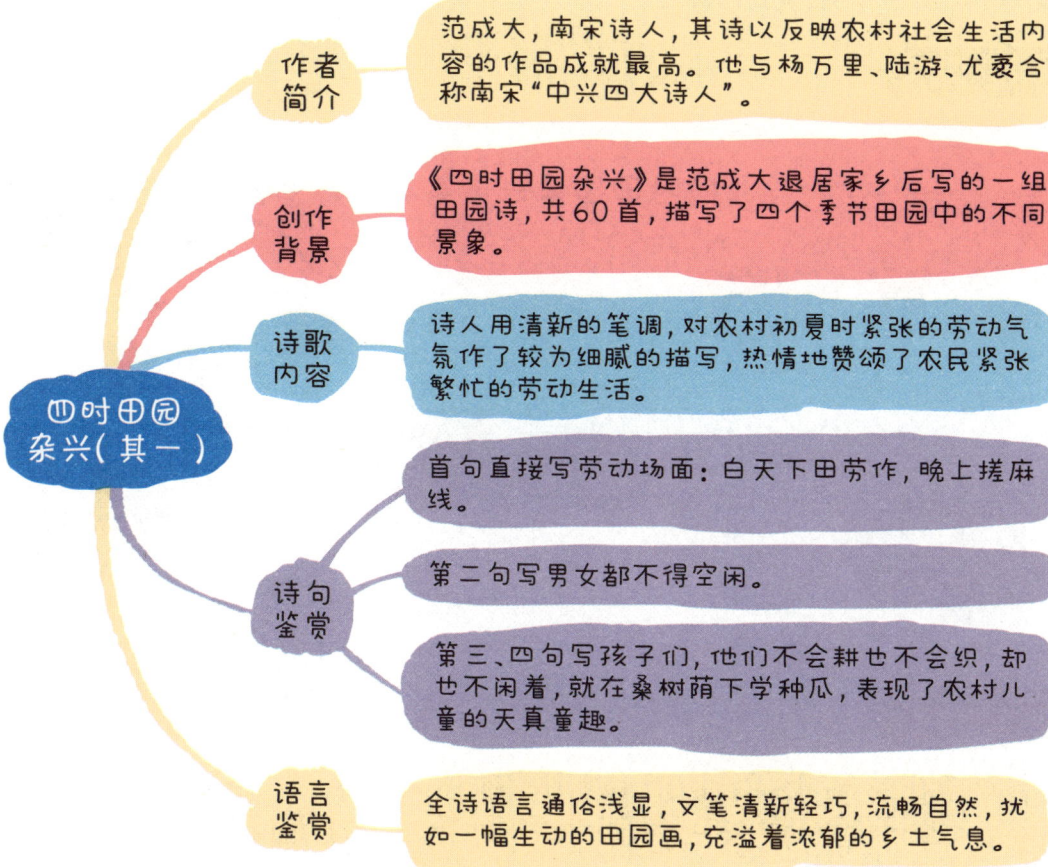

四时田园杂兴（其一）

作者简介：范成大，南宋诗人，其诗以反映农村社会生活内容的作品成就最高。他与杨万里、陆游、尤袤合称南宋"中兴四大诗人"。

创作背景：《四时田园杂兴》是范成大退居家乡后写的一组田园诗，共60首，描写了四个季节田园中的不同景象。

诗歌内容：诗人用清新的笔调，对农村初夏时紧张的劳动气氛作了较为细腻的描写，热情地赞颂了农民紧张繁忙的劳动生活。

诗句鉴赏：
首句直接写劳动场面：白天下田劳作，晚上搓麻线。

第二句写男女都不得空闲。

第三、四句写孩子们，他们不会耕也不会织，却也不闲着，就在桑树荫下学种瓜，表现了农村儿童的天真童趣。

语言鉴赏：全诗语言通俗浅显，文笔清新轻巧，流畅自然，犹如一幅生动的田园画，充溢着浓郁的乡土气息。

拓展训练

❶ 这首诗的作者是_____（朝代）诗人_____。他与_____、_____、尤袤合称为南宋"中兴四大诗人"。

❷ 写出下列加点字的意思。

（1）童孙未解供耕织　　解：_____　　供：_____

（2）也傍桑阴学种瓜　　傍：_____　　阴：_____

❸ 对"童孙未解供耕织，也傍桑阴学种瓜"理解不正确的一项是（　　）

A.农村儿童受到父母的影响，自小爱劳动，学着大人的样子在桑树下种瓜。

B.表现农村儿童胆子很大，什么事都敢做。

C.从"未解""学"中，可以看出农村儿童天真可爱和热爱劳动的品格。

四时田园杂兴（其二）

宋／范成大 七言绝句／田园诗

导图识记

四时田园杂兴（其二）

蜻蜓 惟有 蛱蝶 飞

梅子 金黄 杏子 肥

篱落 日长 无人 过

麦花 雪白 菜花 稀

原诗注音

méi zi jīn huáng xìng zi féi
梅子金黄 杏子肥①，

mài huā xuě bái cài huā xī
麦花雪白菜花稀。

rì cháng lí luò wú rén guò
日长②篱落③无人过，

wéi yǒu qīng tíng jiá dié fēi
惟有④蜻蜓蛱蝶⑤飞。

注释

① 肥：果实大而多汁。

② 日长：夏天的白天很长。

③ 篱落：篱笆。

④ 惟有：只有。

⑤ 蛱蝶：蝴蝶的一种。

诗意

初夏正是梅子金黄、杏子肥大的时节，麦穗扬着白花，油菜花差不多落尽，正在结籽。夏天日长，篱笆边无人过往，大家都在田间忙碌，只有蜻蜓和蝴蝶在款款飞舞。

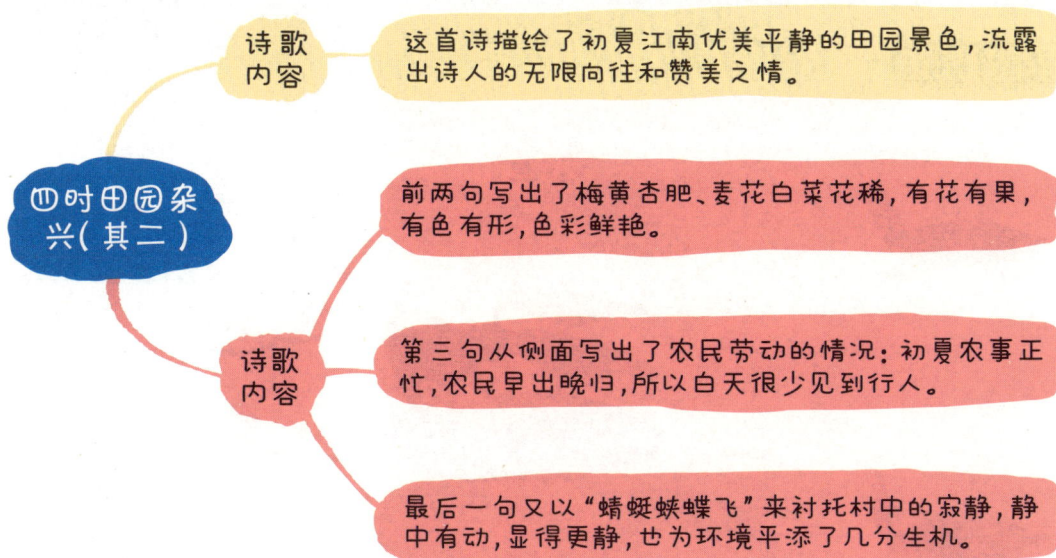

诗歌内容：这首诗描绘了初夏江南优美平静的田园景色，流露出诗人的无限向往和赞美之情。

四时田园杂兴（其二）

诗歌内容：

前两句写出了梅黄杏肥、麦花白菜花稀，有花有果，有色有形，色彩鲜艳。

第三句从侧面写出了农民劳动的情况：初夏农事正忙，农民早出晚归，所以白天很少见到行人。

最后一句又以"蜻蜓蛱蝶飞"来衬托村中的寂静，静中有动，显得更静，也为环境平添了几分生机。

拓展训练

❶ 写出下列加点词语的意思。

（1）梅子金黄杏子肥　　　　肥：_____

（2）日长篱落无人过　　　　篱落：_____

（3）惟有蜻蜓蛱蝶飞　　　　惟有：_____

❷ 用"／"给诗句划分朗读节奏。

梅子金黄杏子肥，麦花雪白菜花稀。

日长篱落无人过，惟有蜻蜓蛱蝶飞。

❸ 这首诗的前两句描绘了怎样的画面？

_____

_____

❹ 这首诗表达了诗人怎样的感情？

_____

_____

小　池

宋／杨万里　七言绝句／写景诗

导图识记

原诗注音

quán yǎn　wú shēng xī　xì liú　　shù yīn zhào shuǐ　ài qíng róu

泉眼❶无声惜❷细流，树阴照水❸爱晴柔❹。

xiǎo hé cái lù jiān jiān jiǎo　　zǎo yǒu qīng tíng　lì shàng tóu

小荷才露尖尖角❺，早有蜻蜓立上头❻。

注释

❶ 泉眼：泉水的出口。

❷ 惜：吝惜。

❸ 照水：映在水里。

❹ 晴柔：晴天里柔和的风光。

❺ 尖尖角：初出水端还没有舒展的荷叶尖端。

❻ 上头：上面，顶端。

诗意

泉眼没有声音，但是很爱惜细细的流水，岸边的树木倒映在水面上，仿佛是喜爱这晴天里柔美的风光。新长出的荷叶刚刚在水面露出尖尖的小角，早已经有蜻蜓立在上面不愿飞走。

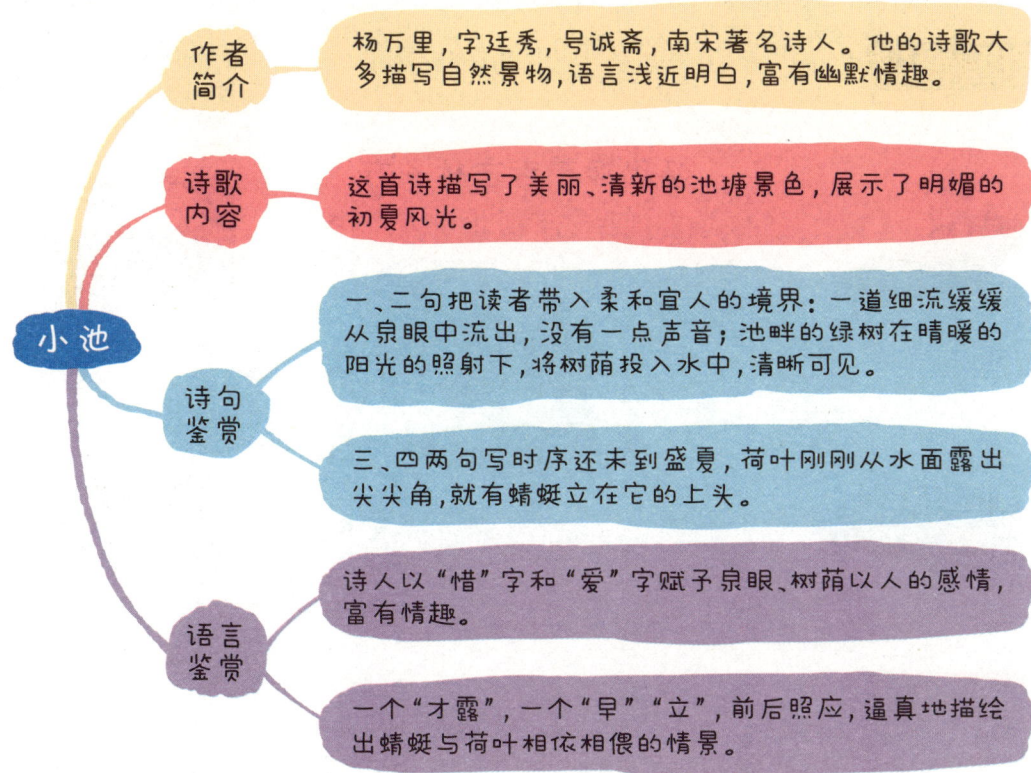

作者简介 杨万里,字廷秀,号诚斋,南宋著名诗人。他的诗歌大多描写自然景物,语言浅近明白,富有幽默情趣。

诗歌内容 这首诗描写了美丽、清新的池塘景色,展示了明媚的初夏风光。

小池

诗句鉴赏 一、二句把读者带入柔和宜人的境界:一道细流缓缓从泉眼中流出,没有一点声音;池畔的绿树在晴暖的阳光的照射下,将树荫投入水中,清晰可见。

三、四两句写时序还未到盛夏,荷叶刚刚从水面露出尖尖角,就有蜻蜓立在它的上头。

语言鉴赏 诗人以"惜"字和"爱"字赋予泉眼、树荫以人的感情,富有情趣。

一个"才露",一个"早""立",前后照应,逼真地描绘出蜻蜓与荷叶相依相偎的情景。

拓展训练

❶ 这首诗的作者是＿＿＿＿＿＿＿,字廷秀,号＿＿＿＿＿＿,学者多称其为"＿＿＿＿＿＿＿"。

❷ 判断下列说法的对错。对的画"√",错的画"×"。

（1）题目"小池"就是小池塘的意思。（　　）

（2）这首诗的前两句,诗人通过比喻的手法和丰富的想象描绘出泉眼、细流、树荫、晴日等景物,构成了一幅秀美的图画。（　　）

（3）"晴柔"是指晴天柔和的风光,"惜"是"可惜"的意思。（　　）

（4）这首诗的作者是唐朝人。（　　）

❸ 根据意思写出诗句。

岸边的树木倒映在水面上,仿佛是喜爱这晴天里柔美的风光。

＿＿＿＿＿＿＿＿＿＿＿＿＿＿＿＿＿＿＿＿＿＿＿＿＿＿＿＿＿＿

晓出净慈寺送林子方

宋／杨万里　七言绝句／送别诗

导图识记

晓出净慈寺送林子方

荷花　映日　别样　红

莲叶　接天　无穷　碧

毕竟　西湖　六月　中

风光　不与　四时　同

原诗注音

bì jìng　xī hú liù yuè zhōng　fēng guāng bù yǔ sì shí tóng
毕竟❶西湖六月中，风光不与四时同❷。

jiē tiān lián yè wú qióng bì　yìng rì hé huā bié yàng hóng
接天❸莲叶无穷❹碧，映日❺荷花别样❻红。

注释

❶ 毕竟：到底。

❷ 同：相同。

❸ 接天：像与天空相接。

❹ 无穷：无边无际。

❺ 映日：太阳映照。

❻ 别样：特别，不一样。

诗意

毕竟是西湖六月天的景色，风光与其他季节确实不同。莲叶接天望不尽，一片碧绿，阳光下荷花分外鲜艳。

诗句鉴赏

前两句是写六月西湖给诗人的总体感受。"毕竟"二字,突出了六月西湖风光的独特、非同一般,引发人丰富美好的想象。

后两句具体地描绘了"毕竟"不同的风景:随着湖面而伸展到天尽头的荷叶与蓝天融合在一起,造成了"无穷"的效果,涂染出无边无际的碧色。在这片背景中,又点染出阳光映照下的朵朵荷花,红得那么娇艳,那么明丽。

晓出净慈寺送林子方

语言鉴赏

诗人用一"碧"一"红",突出了莲叶和荷花给人的视觉带来的强烈冲击力,既写出了莲叶的无边无际,渲染了天地的壮阔,又映衬出荷花之艳,具有丰富的空间造型感。

拓展训练

❶ 这首诗是杨万里送别朋友＿＿＿＿＿时写的,送别的时间是＿＿＿＿＿,地点是＿＿＿＿＿。

❷ 写出下列加点字词的意思。

（1）晓出净慈寺送林子方　　　　晓:＿＿＿＿＿＿＿

（2）毕竟西湖六月中　　　　　　毕竟:＿＿＿＿＿＿＿

（3）映日荷花别样红　　　　　　别样:＿＿＿＿＿＿＿

❸ 这首诗描绘的是西湖的＿＿＿＿和＿＿＿＿,向人们展示了＿＿＿＿（时间）西湖的独特景色,表达了诗人＿＿＿＿＿＿＿之情,同时也表达了诗人＿＿＿＿＿＿＿之情。

❹ 默写这首诗。

＿＿＿＿＿＿＿＿＿＿＿＿＿＿＿＿＿＿＿＿

＿＿＿＿＿＿＿＿＿＿＿＿＿＿＿＿＿＿＿＿

❺ "接天莲叶无穷碧,映日荷花别样红"这两句诗描绘了怎样的画面?

＿＿＿＿＿＿＿＿＿＿＿＿＿＿＿＿＿＿＿＿

春 日 ❶

宋／朱熹　七言绝句／写景诗／哲理诗

导图识记

春日

千红　万紫

春　总是

识得　等闲

面　东风

胜日　寻芳

泗水　滨

无边　光景

一时　新

原诗注音

shèng rì xún fāng　sì shuǐ bīn
胜日寻芳❷泗水滨❸，

wú biān guāng jǐng　yì shí xīn
无边光景❹一时新。

děng xián　shí dé dōng fēng miàn
等闲❺识得东风❻面，

wàn zǐ qiān hóng zǒng shì chūn
万紫千红总是春。

注释

❶ 春日：春天。

❷ 寻芳：游春，踏青。

❸ 滨：水边，河边。

❹ 光景：风光，风景。

❺ 等闲：平常，轻易。

❻ 东风：春风。

诗意

风和日丽之时游春在泗水之滨，无边无际的风光焕然一新。谁都可以看出春天的面貌，春风吹得百花齐放、万紫千红，到处都是美好的景致。

导图鉴赏

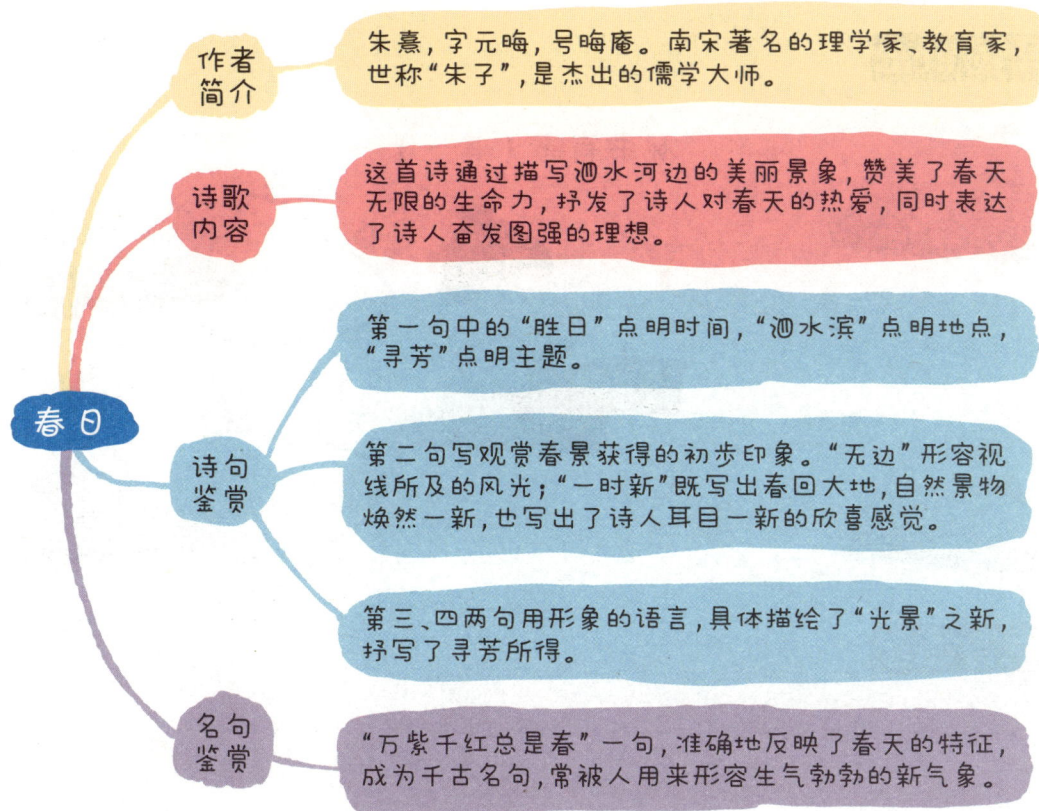

作者简介
朱熹,字元晦,号晦庵。南宋著名的理学家、教育家,世称"朱子",是杰出的儒学大师。

诗歌内容
这首诗通过描写泗水河边的美丽景象,赞美了春天无限的生命力,抒发了诗人对春天的热爱,同时表达了诗人奋发图强的理想。

诗句鉴赏
第一句中的"胜日"点明时间,"泗水滨"点明地点,"寻芳"点明主题。

第二句写观赏春景获得的初步印象。"无边"形容视线所及的风光;"一时新"既写出春回大地,自然景物焕然一新,也写出了诗人耳目一新的欣喜感觉。

第三、四两句用形象的语言,具体描绘了"光景"之新,抒写了寻芳所得。

名句鉴赏
"万紫千红总是春"一句,准确地反映了春天的特征,成为千古名句,常被人用来形容生气勃勃的新气象。

春日

拓展训练

❶ 这首诗的作者是_____(朝代)诗人_____,他是著名的理学家,世称"_____"。

❷ 写出下列加点字词的意思。

(1)胜日寻芳泗水滨　　　　滨:_____

(2)无边光景一时新　　　　光景:_____

(3)等闲识得东风面　　　　等闲:_____

❸ 默写这首诗。

_____

_____

观书有感（其一）

宋/朱熹　七言绝句/哲理诗

导图识记

观书有感（其一）

源头　为有　来　活水

半亩　方塘　一鉴　开

天光　云影　共　徘徊

那得　问渠　？　清　如许

原诗注音

bàn mǔ fāng táng yí jiàn kāi　tiān guāng yún yǐng gòng pái huái
半亩方塘一鉴开，天光云影共徘徊①。

wèn qú　nǎ dé　qīng rú xǔ　wèi　yǒu yuán tóu huó shuǐ lái
问渠②那得③清如许④？为⑤有源头活水来。

注释

① 徘徊：来回移动。

② 渠：它，第三人称代词，这里指方塘之水。

③ 那得：怎么会。那，同"哪"，怎么。

④ 清如许：这样清澈。清，清澈。如，如此、这样。

⑤ 为：因为。

诗意

半亩大的方形池塘像一面镜子一样展开在眼前，清澈明净，天光、云影在水面上闪耀浮动。要问池塘里的水为何这样清澈，是因为有永不枯竭的源头不断地为它输送活水。

导图鉴赏

诗歌内容：池塘常有活水注入，因此像明镜一样，清澈见底，映照着天光云影。诗以方塘作比喻，形象地表达了一种微妙难言的读书感受。

诗歌哲理：这首诗向人们阐明一个道理：只有不断学习、更新和发展，汲取新的知识，像不断有源头活水注入塘中那样，才能使内心澄明。

观书有感（其一）

诗句鉴赏：
- 第一句写半亩见方的池塘像镜子一样清澈明净，描绘了清雅的景色。
- 第二句动静结合，天空的光色和云彩的倩影在池中共同徘徊，构成了宁静的画面，表达了诗人欢愉、舒畅的心情。
- 第三、四句以设问的形式抒发诗人的感叹和赞美，阐明了诗人独特的读书感受。

拓展训练

❶ 诗人在这首诗中用"源头活水"比喻_____。

❷ 写出下列加点字词的意思。

（1）问渠那得清如许　渠：_____　那得：_____

（2）为有源头活水来　为：_____

❸ 这首诗的前两句描绘了怎样的画面？后两句蕴含了什么哲理？

_____

_____

❹ 默写这首诗并用"／"给诗句划分朗读节奏。

_____

_____

题 临 安①邸②

宋／林升　七言绝句／讽喻诗

导图识记

题临安邸

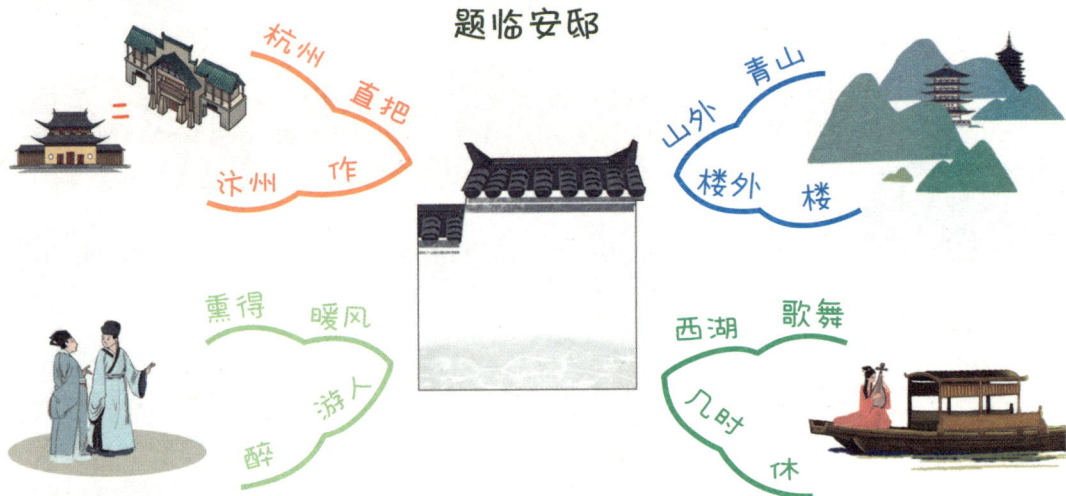

杭州　直把

汴州　作

山外　青山

楼外　楼

熏得　暖风

游人

醉

西湖　歌舞

几时

休

原诗注音

shān wài qīng shān lóu wài lóu

山外青山楼外楼，

xī hú gē wǔ jǐ shí xiū

西湖③歌舞几时休④？

nuǎn fēng xūn dé yóu rén zuì

暖风熏⑤得游人醉，

zhí bǎ háng zhōu zuò biàn zhōu

直⑥把杭州作汴州⑦。

注释

① 临安：在今浙江杭州，曾为南宋都城。

② 邸：旅店。

③ 西湖：杭州的著名风景区。

④ 几时休：什么时候停止。

⑤ 熏：吹，常用于温暖馥郁的风。

⑥ 直：简直。

⑦ 汴州：在今河南开封，曾为北宋都城。

诗意

青山之外还有青山，高楼之外还有高楼。湖中的游客皆达官贵人，他们通宵达旦与歌女一起寻欢作乐，纸醉金迷，这种情况不知何时才能罢休？暖洋洋的春风把游人吹得醉醺醺的，他们简直把这临时避难的杭州当作汴州。

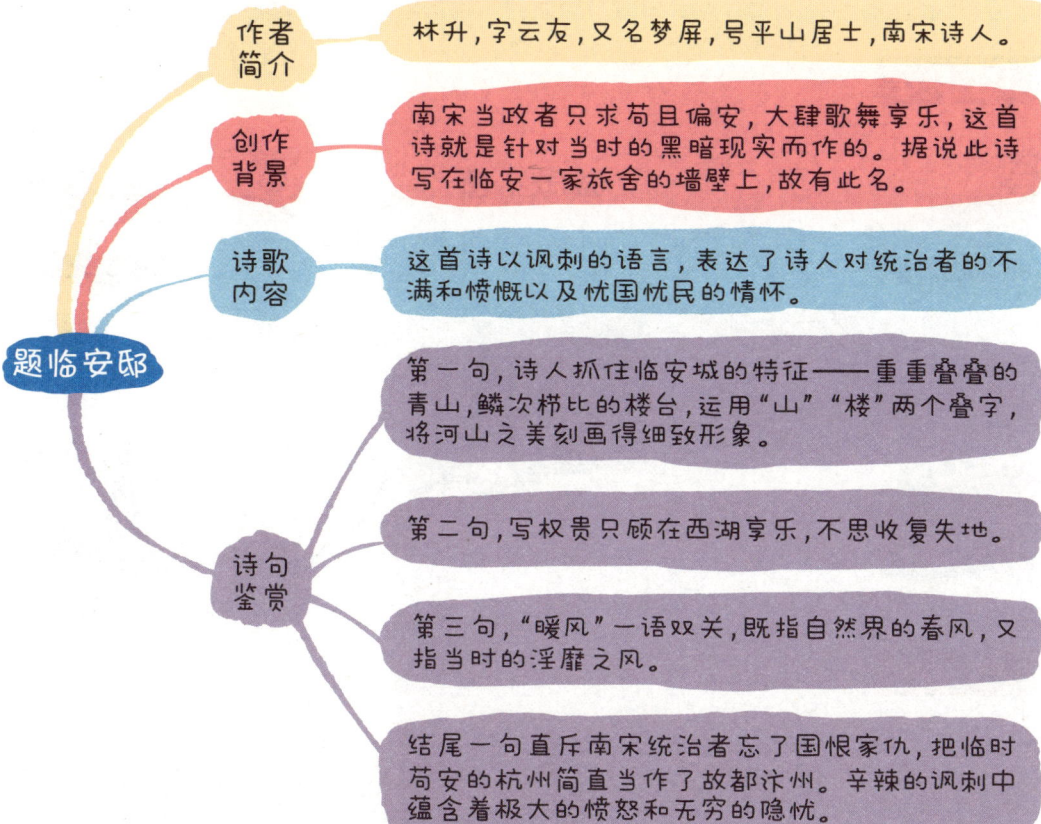

导图鉴赏

作者简介：林升,字云友,又名梦屏,号平山居士,南宋诗人。

创作背景：南宋当政者只求苟且偏安,大肆歌舞享乐,这首诗就是针对当时的黑暗现实而作的。据说此诗写在临安一家旅舍的墙壁上,故有此名。

诗歌内容：这首诗以讽刺的语言,表达了诗人对统治者的不满和愤慨以及忧国忧民的情怀。

题临安邸

诗句鉴赏：

第一句,诗人抓住临安城的特征——重重叠叠的青山,鳞次栉比的楼台,运用"山""楼"两个叠字,将河山之美刻画得细致形象。

第二句,写权贵只顾在西湖享乐,不思收复失地。

第三句,"暖风"一语双关,既指自然界的春风,又指当时的淫靡之风。

结尾一句直斥南宋统治者忘了国恨家仇,把临时苟安的杭州简直当作了故都汴州。辛辣的讽刺中蕴含着极大的愤怒和无穷的隐忧。

拓展训练

❶ 诗人用"_____"三个字,责问统治者:骄奢淫逸的生活何时才能停止?言外之意是:抗金大业几时能实现?

❷ 写出下列加点字的意思。

（1）题临安邸　　　　　　邸：_____

（2）西湖歌舞几时休　　　休：_____

（3）直把杭州作汴州　　　直：_____

❸ 诗中的"暖风"和"游人"各有什么含义?

_____

_____

游园不值 ①

宋/叶绍翁　七言绝句/写景诗/哲理诗

导图识记

游园不值

红杏　一枝　墙来　出

应怜　屐齿　印　苍苔

满园　春色　不住　关

小扣　柴扉　久　不开

原诗注音

yīng lián jī chǐ yìn cāng tái　xiǎo kòu chái fēi jiǔ bù kāi
应②怜③屐齿④印苍苔⑤，小扣⑥柴扉⑦久不开。

chūn sè mǎn yuán guān bú zhù　yì zhī hóng xìng chū qiáng lái
春色满园关不住，一枝红杏出墙来。

注释

① 不值：没有遇到人。值，遇到。

② 应：大概，表示猜测。

③ 怜：怜惜。

④ 屐齿：指木屐底下突出的部分。屐，木鞋。

⑤ 印苍苔：在青苔上留下印迹。

⑥ 小扣：轻轻地敲。

⑦ 柴扉：用木柴、树枝编成的门。

诗意

也许是园主担心我的木屐踩坏他那爱惜的青苔，轻轻地敲了柴门，久久没有人来开。可是这满园的春色毕竟是关不住的，你看，那儿有一枝红色的杏花伸出墙头来。

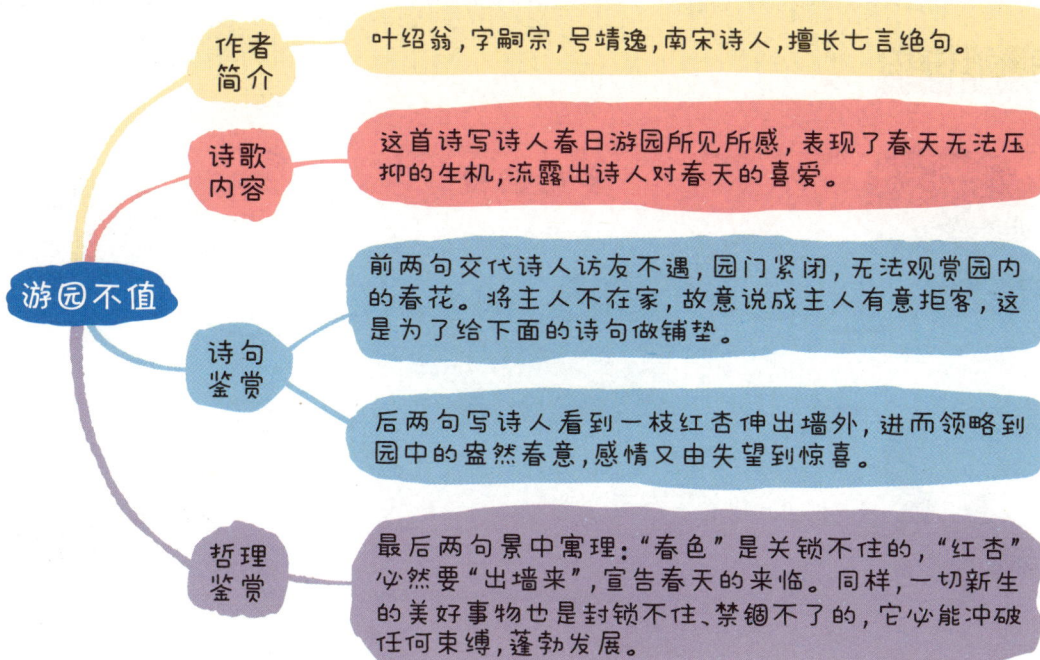

导图鉴赏

作者简介　叶绍翁,字嗣宗,号靖逸,南宋诗人,擅长七言绝句。

诗歌内容　这首诗写诗人春日游园所见所感,表现了春天无法压抑的生机,流露出诗人对春天的喜爱。

游园不值

诗句鉴赏
前两句交代诗人访友不遇,园门紧闭,无法观赏园内的春花。将主人不在家,故意说成主人有意拒客,这是为了给下面的诗句做铺垫。

后两句写诗人看到一枝红杏伸出墙外,进而领略到园中的盎然春意,感情又由失望到惊喜。

哲理鉴赏
最后两句景中寓理:"春色"是关锁不住的,"红杏"必然要"出墙来",宣告春天的来临。同样,一切新生的美好事物也是封锁不住、禁锢不了的,它必能冲破任何束缚,蓬勃发展。

拓展训练

❶ 这首诗的作者是_____(朝代)诗人_____。

❷ 写出下列加点字词的意思。

（1）游园不值　　　　值：_____

（2）应怜屐齿印苍苔　应：_____　　怜：_____

（3）小扣柴扉久不开　小扣：_____

❸ 说一说这首诗后两句的意思。

_____

❹ 下面对本诗的鉴赏正确的一项是(　　　)

A.首句说大概是园主人爱惜园内的青苔,怕"我"的屐齿在上面留下践踏的痕迹,表现了园主人的不好客与冷漠。

B."春色满园关不住,一枝红杏出墙来"两句诗形象鲜明,构思奇特,"春色"和"红杏"都被拟人化,不仅景中含情,而且景中寓理。

C.这首诗写了诗人兴致很高地去拜访园的主人,却吃了闭门羹,所以情绪低落。

乡村四月

宋/翁卷　七言绝句／田园诗

导图识记

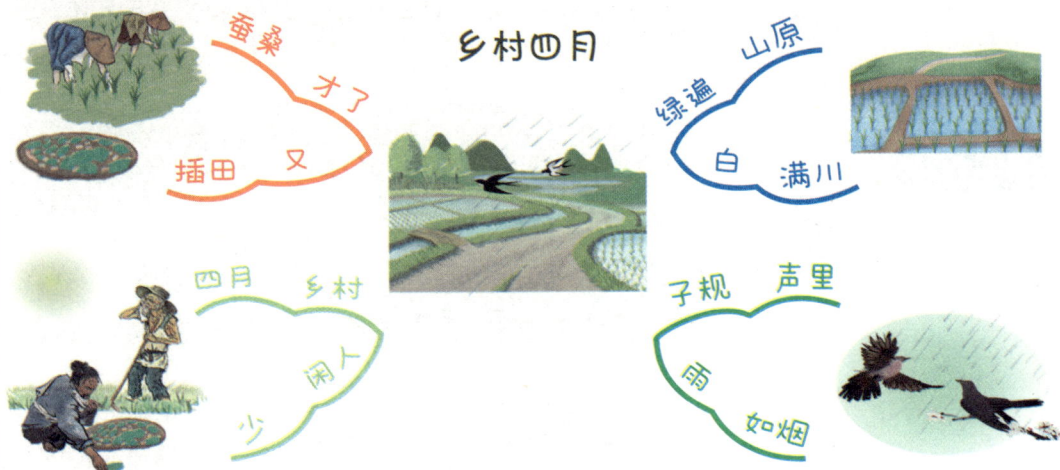

乡村四月

蚕桑　才了　插田　又

绿遍　山原　白　满川

四月　乡村　闲人　少

子规　声里　雨　如烟

原诗注音

lǜ biàn shān yuán　bái mǎn chuān　　zǐ guī　shēng lǐ　yǔ rú yān

绿遍山原❶白满川❷，子规❸声里雨如烟。

xiāng cūn　sì　yuè xián rén shǎo　　cái liǎo　cán sāng　yòu chā tián

乡村四月闲人少，才了❹蚕桑❺又插田❻。

注释

❶ 山原：山陵和原野。

❷ 川：河流。

❸ 子规：鸟名。

❹ 才了：刚刚结束。

❺ 蚕桑：种桑养蚕。

❻ 插田：插秧。

诗意

山坡田野间草木茂盛，河流里水光映天，杜鹃一声声啼叫在如烟如雾的细雨中。乡村的四月正是最忙的时候，刚刚结束了蚕桑的事又要插秧了。

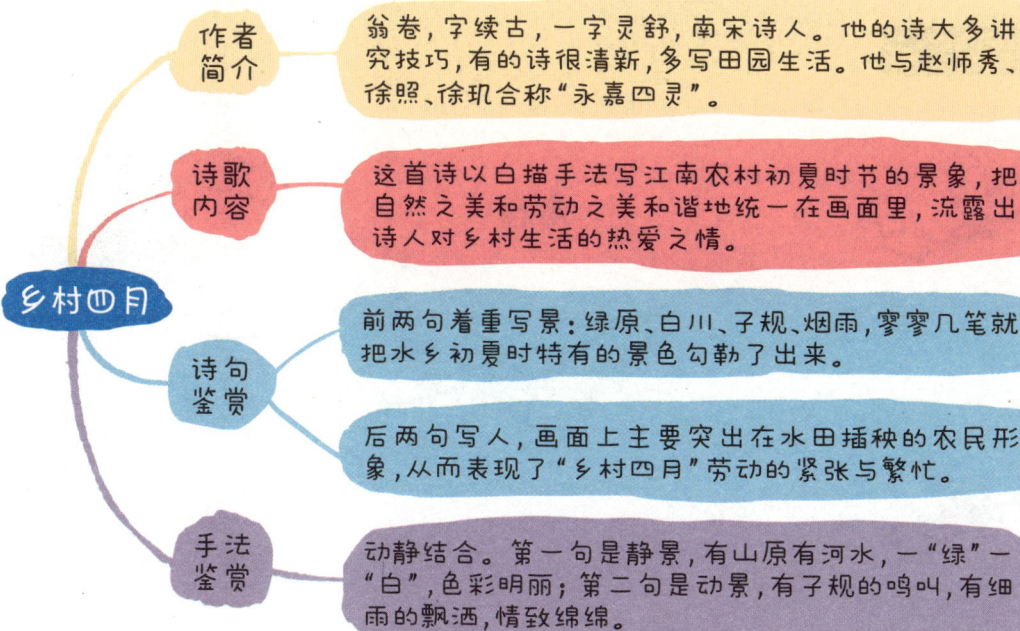

导图鉴赏

乡村四月

- **作者简介**
  翁卷，字续古，一字灵舒，南宋诗人。他的诗大多讲究技巧，有的诗很清新，多写田园生活。他与赵师秀、徐照、徐玑合称"永嘉四灵"。

- **诗歌内容**
  这首诗以白描手法写江南农村初夏时节的景象，把自然之美和劳动之美和谐地统一在画面里，流露出诗人对乡村生活的热爱之情。

- **诗句鉴赏**
  前两句着重写景：绿原、白川、子规、烟雨，寥寥几笔就把水乡初夏时特有的景色勾勒了出来。

  后两句写人，画面上主要突出在水田插秧的农民形象，从而表现了"乡村四月"劳动的紧张与繁忙。

- **手法鉴赏**
  动静结合。第一句是静景，有山原有河水，一"绿"一"白"，色彩明丽；第二句是动景，有子规的鸣叫，有细雨的飘洒，情致绵绵。

拓展训练

❶ 这首诗是_____代诗人_____所作。本诗描绘出_____时节的景象。

❷ 这首诗前两句着重写_____，后两句着重写_____，不仅表现了诗人对_____的热爱，也表现出对_____的赞美。第四句中的"蚕桑"照应上面的"_____"，"插田"照应上面的"_____"，"才"字和"又"字极富表现力，勾画出乡村四月_____的气氛。

❸ 先解释加点字的意思，再写出句子的意思。
才了蚕桑又插田　了：_____
诗句的意思：_____

❹ 找一首你喜欢的写乡村夏天景色的诗，写一写吧。
_____
_____

墨 梅

元/王冕　七言绝句/题画诗/咏物诗

导图识记

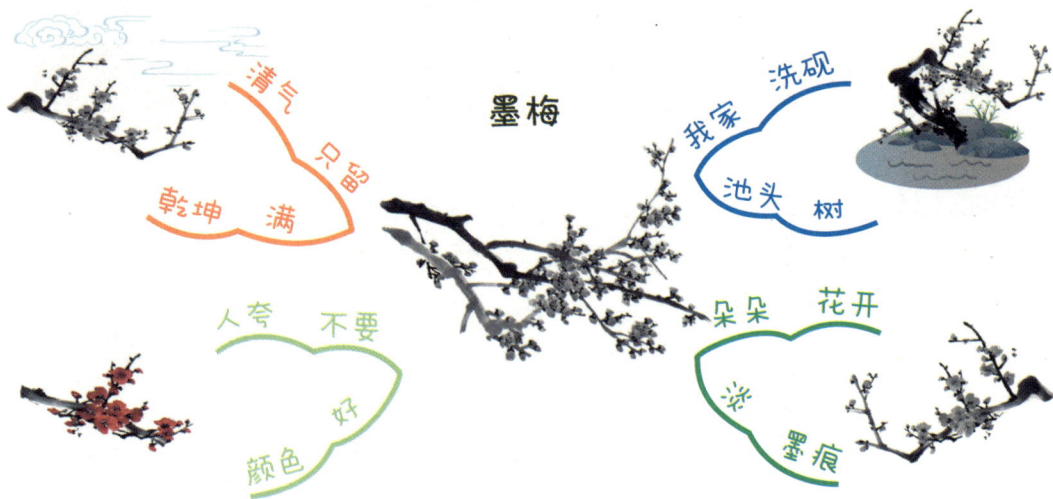

原诗注音

wǒ jiā xǐ yàn chí tóu shù　duǒ duǒ huā kāi dàn mò hén
我家洗砚池头树①，朵朵花开淡墨痕。

bú yào rén kuā hǎo yán sè　zhǐ liú qīng qì mǎn qián kūn
不要人夸好颜色，只留清气满乾坤②。

注释

① 洗砚池：传说会稽（今浙江绍兴）戴山下有晋代大书法家王羲之的洗砚池。由于他经常在那里洗笔砚，池塘的水都染黑了。"池头"，有版本为"池边"。

② 乾坤：天地间。

诗意

我家洗砚池边有一棵梅树，朵朵开放的梅花都像是用淡淡的墨汁点染而成。它不需要别人夸奖颜色多么好看，只是要将清香之气弥漫在天地之间。

作者简介 —— 王冕,字元章,元末著名画家、诗人。

诗歌内容 —— 这是一首题画诗。诗人赞美墨梅不求人夸,只愿给人间留下清香的美德,实际上是借梅自喻,表达自己的人生态度以及不向世俗献媚的高尚情操。

墨梅

诗句鉴赏 —— 开头两句直接描写墨梅。画中小池边的梅树,花朵盛开,朵朵梅花都是用淡淡的墨水点染而成的。

诗句鉴赏 —— 三、四两句盛赞墨梅的高风亮节。它由淡墨画成,外表虽然并不娇艳,但具有神清骨秀、高洁端庄的内在气质;它不想用鲜艳的色彩去吸引人,求得人们的夸奖,只愿散发清香,留在天地之间。

手法鉴赏 —— 本诗运用了托物言志的手法。诗题为"墨梅",意在述志。诗人将画格、诗格、人格有机地融为一体。字面上是在赞誉梅花,实际上是表达自己的立身之德。

拓展训练

❶ 诗中墨梅的品性体现在"_____,_____"两句中,诗人看起来是在赞美墨梅,实际上是借梅花表达自己_____的情操,这种写法叫作_____。

❷ 给下面的加点字词选择正确的意思。(填序号)

(1)朵朵花开淡墨痕(   ) A.颜色浅,淡雅 B.淡定

(2)只留清气满乾坤(   ) A.清香的气味 B.清新的空气

(3)只留清气满乾坤(   ) A.《易经》中的乾卦和坤卦 B.天地间

❸ 默写这首诗。

_____

_____

石 灰 吟

明／于谦　七言绝句／咏物诗

导图识记

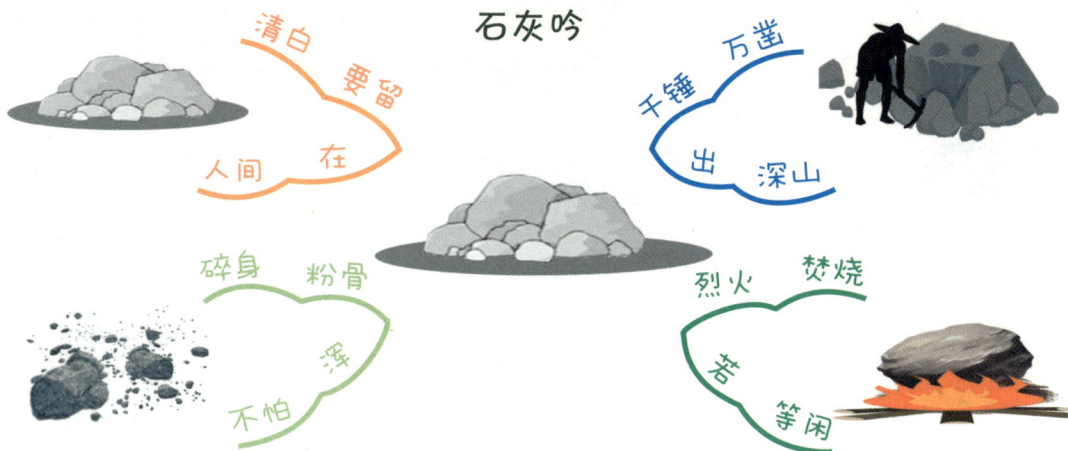

石灰吟

清白　要留

人间　在

千锤　万凿

出　深山

碎身　粉骨

不怕

烈火　焚烧

若　等闲

原诗注音

qiān chuí　wàn záo　　chū shēn shān　　　liè　huǒ fén shāo ruò děng xián
千锤❶万凿❷出深山，烈火焚烧若等闲❸。

fěn gǔ suì shēn hún❹　bú pà　　yào liú qīng bái❺　zài rén jiān
粉骨碎身浑❹不怕，要留清白❺在人间。

注释

❶ 锤：锤打。

❷ 凿：开凿。

❸ 若等闲：好像很平常。若，好像、好似。
等闲，平常。

❹ 浑：全，全然。"浑"，有版本为"全"。

❺ 清白：指高尚的节操。

诗意

石灰石只有经过千万次锤打才能从深山里开采出来，它把熊熊烈火的焚烧当作很平常的一件事。即使粉身碎骨也毫不惧怕，甘愿把一身清白留在人世间。

作者简介
于谦,字廷益,号节庵,明代名臣,官至少保,世称"于少保",谥号忠肃。于谦与岳飞、张煌言并称"西湖三杰"。

创作背景
据说,有一次于谦去观看师傅们煅烧石灰。只见一堆堆青黑色的山石,经过烈火焚烧之后,都变成了白色的石灰。他深有感触,便写下了这一诗篇。

石灰吟

诗歌内容
本诗借吟石灰的烧制过程,表现了诗人不避千难万险,勇于自我牺牲,保持清白品格的可贵精神。

语句鉴赏
第二句中的"若等闲"三字,象征着志士仁人无论面临着怎样严峻的考验,都从容不迫,视若等闲。

第三句中的"浑不怕"三字,使我们联想到其中寓有不怕牺牲的精神。

手法鉴赏
此诗托物言志,采用象征手法,字面上是咏石灰,实际上是借物喻人,托物寄怀,表现了诗人高洁的理想。

拓展训练

❶ 这首诗的作者是_____代诗人_____,谥号_____,与_____、_____并称为"西湖三杰"。

❷ 写出下列加点字词的意思。

（1）烈火焚烧若等闲　　　等闲：_____

（2）粉骨碎身浑不怕　　　浑：_____

（3）要留清白在人间　　　清白：_____

❸ 这首诗运用了什么表现手法？表达了诗人怎样的志向？

_____

_____

竹 石

清/郑燮　七言绝句/题画诗/咏物诗

导图识记

竹石

东西 任尔 风 南北

咬定 青山 不 放松

万击 千磨 还 坚劲

立根 原在 破岩 中

原诗注音

yǎo dìng qīng shān bú fàng sōng
咬定青山不放松，

lì gēn yuán zài pò yán zhōng
立根①原②在破岩中。

qiān mó wàn jī hái jiān jìng
千磨万击③还坚劲④，

rèn ěr dōng xī nán běi fēng
任⑤尔⑥东西南北风。

注释

① 立根：扎根，生根。

② 原：本来，原本。

③ 击：打击。

④ 坚劲：坚强有力。

⑤ 任：任凭。

⑥ 尔：你。

诗意

竹子紧紧咬定青山不放松，它的根原本深深扎在石缝中。经历千磨万击，它的身骨仍然坚劲，任凭你刮东西南北风。

导图鉴赏

作者简介：郑燮，字克柔，号板桥；清代书画家、文学家。"扬州八怪"之一。

创作背景：这是一首题画诗，是郑板桥为自己画的竹石图题写的诗。

诗歌内容：这也是一首咏物诗，着力表现了竹子那顽强而又执着的品质。诗人在赞美竹石坚韧顽强精神的同时，还表达了自己不怕任何打击的风骨与精神。

竹石

诗句鉴赏：
第一句用"咬定"二字，把岩竹拟人化，传达出它的神韵。

第三、四句进一步写岩竹的品格，它经过了无数次的磨难，成就了特别挺拔的风骨，从来不惧怕来自东西南北的狂风。

手法鉴赏：托物言志。这首诗着力表现了竹子那顽强而又执着的品质，托岩竹的坚韧顽强，言自己刚正不阿、正直不屈的骨气。

拓展训练

❶ 写出下列加点字的意思。

（1）立根原在破岩中　　原：＿＿＿＿＿＿＿＿

（2）任尔东西南北风　　任：＿＿＿＿＿＿＿＿　　尔：＿＿＿＿＿＿＿＿

❷ 这首诗前两句运用了什么修辞手法？写出了竹子的什么特点？

＿＿＿＿＿＿＿＿＿＿＿＿＿＿＿＿＿＿＿＿＿＿＿＿＿＿＿＿＿＿＿＿

❸ 这首诗运用了哪种表现手法？表现了诗人怎样的形象？

＿＿＿＿＿＿＿＿＿＿＿＿＿＿＿＿＿＿＿＿＿＿＿＿＿＿＿＿＿＿＿＿

所　见

清／袁枚　五言绝句／田园诗

导图识记

所见

忽然　立　闭口

意欲　捕　鸣蝉

牧童　骑　黄牛

歌声　振　林樾

原诗注音

mù tóng qí huáng niú　　gē shēng zhèn　lín yuè
牧童骑黄牛，歌声振①林樾②。

yì yù bǔ míng chán　　hū rán bì kǒu lì
意欲③捕④鸣⑤蝉，忽然闭口立⑥。

注释

① 振：振荡，回荡。
② 林樾：指道旁成荫的树林。
③ 意欲：想要。
④ 捕：捉。
⑤ 鸣：叫。
⑥ 立：站立。

诗意

牧童骑在黄牛背上，嘹亮的歌声在树林里回荡。忽然想要捕捉树上鸣叫的知了，于是他马上停止唱歌，静悄悄地站立在树旁。

所见

作者简介
袁枚,字子才,号简斋,晚年自号随园老人等,清代诗人、散文家。与赵翼、蒋士铨合称"乾嘉三大家"。

诗歌内容
本诗写诗人偶然所见牧童骑牛唱歌、想捕捉知了这一小事,通过对牧童动作、神态的描写,表现了牧童天真活泼、机智灵活的性格和热爱大自然的特点。

诗句鉴赏
前两句描写了小牧童悠然自得的可爱模样和愉快心情。

第三句写牧童的心理活动,交代了他"闭口立"的原因,也是全诗的转折点。第四句由动转静,突出了牧童的机敏。

语言鉴赏
"骑"字直接写出了牧童的姿势,"振"字写出歌声的效果,间接点出他的心情。"骑"和"振"两个动词,把牧童无忧无虑的心情形象地写了出来。
"闭"和"立"两个动词,把牧童天真的神态和孩子式的机智刻画得淋漓尽致。

拓展训练

❶ 写出下列加点字词的意思。

（1）意欲捕鸣蝉　　　意欲：＿＿＿＿＿＿＿　　　　捕：＿＿＿＿＿＿＿＿

鸣：＿＿＿＿＿＿＿＿

（2）忽然闭口立　　　立：＿＿＿＿＿＿＿

❷ 默写这首诗。

＿＿＿＿＿＿＿＿＿＿＿＿＿＿＿＿＿＿＿＿＿＿＿＿＿＿＿＿＿＿＿＿

＿＿＿＿＿＿＿＿＿＿＿＿＿＿＿＿＿＿＿＿＿＿＿＿＿＿＿＿＿＿＿＿

❸ 根据诗歌内容,用自己的话说一说牧童为什么"忽然闭口立"。

＿＿＿＿＿＿＿＿＿＿＿＿＿＿＿＿＿＿＿＿＿＿＿＿＿＿＿＿＿＿＿＿

己亥杂诗

清／龚自珍　七言绝句／讽谏诗

导图识记

原诗注音

jiǔ zhōu shēng qì shì fēng léi
九州 生气❶恃❷风雷，

wàn mǎ qí yīn jiū kě āi
万马齐喑❸究❹可哀。

wǒ quàn tiān gōng chóng dǒu sǒu
我劝天公重抖擞❺，

bù jū yì gé jiàng rén cái
不拘一格降❻人材。

注释

❶ 生气：活力，生命力。这里指朝气蓬勃的局面。

❷ 恃：依靠。

❸ 万马齐喑：所有的马都沉寂无声。比喻人们沉默不语，不敢发表意见。喑，沉默。

❹ 究：终究，毕竟。

❺ 抖擞：振作，奋发。

❻ 降：降生，降临。

诗意

只有风雷激荡般的巨大力量才能使中国大地发出勃勃生气，然而朝野臣民沉默不语终究是一种悲哀。我劝上天能重新振作精神，不要拘泥于一定规格，以发现（降下）更多的人才。

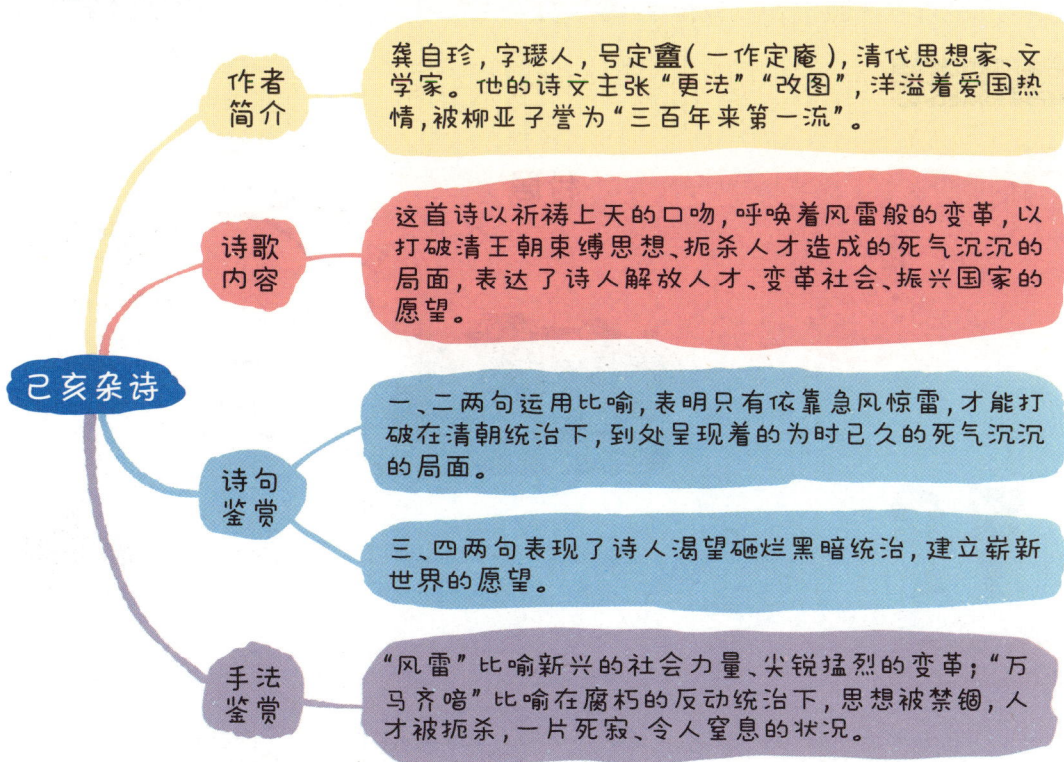

作者简介

龚自珍,字璱人,号定盦(一作定庵),清代思想家、文学家。他的诗文主张"更法""改图",洋溢着爱国热情,被柳亚子誉为"三百年来第一流"。

诗歌内容

这首诗以祈祷上天的口吻,呼唤着风雷般的变革,以打破清王朝束缚思想、扼杀人才造成的死气沉沉的局面,表达了诗人解放人才、变革社会、振兴国家的愿望。

诗句鉴赏

一、二两句运用比喻,表明只有依靠急风惊雷,才能打破在清朝统治下,到处呈现着的为时已久的死气沉沉的局面。

三、四两句表现了诗人渴望砸烂黑暗统治,建立崭新世界的愿望。

手法鉴赏

"风雷"比喻新兴的社会力量、尖锐猛烈的变革;"万马齐喑"比喻在腐朽的反动统治下,思想被禁锢,人才被扼杀,一片死寂、令人窒息的状况。

己亥杂诗

拓展训练

❶ 这首诗的作者是_____代文学家_____,被柳亚子誉为"_____

_____"。

❷ 写出下列加点字词的意思。

(1)九州生气恃风雷　　生气:_____　　恃:_____

(2)万马齐喑究可哀　　喑:_____　　究:_____

(3)我劝天公重抖擞　　抖擞:_____

❸ "万马齐喑究可哀"中"万马齐喑"的意思是_____

_____。

❹ 默写这首诗并用"/"给诗句划分朗读节奏。

_____

_____

村 居①

清／高鼎　七言绝句／山水田园诗

导图识记

村居

东风　忙趁　纸鸢　放

草长　莺飞　二月　天

散学　儿童　早　归来

拂堤　杨柳　醉　春烟

原诗注音

cǎo zhǎng yīng fēi èr yuè tiān
草 长 莺 飞 二 月 天，

fú dī yáng liǔ zuì chūn yān
拂②堤 杨 柳 醉③ 春 烟④。

ér tóng sàn xué guī lái zǎo
儿 童 散 学⑤ 归 来 早，

máng chèn dōng fēng fàng zhǐ yuān
忙 趁 东 风 放 纸 鸢⑥。

注释

① 村居：在乡村里居住时见到的景象。

② 拂：抚摸。

③ 醉：迷醉，陶醉。

④ 春烟：春天水泽、草木间蒸发形成的烟雾般的水汽。

⑤ 散学：放学。

⑥ 纸鸢：泛指风筝。

诗意

农历二月，村子前后的青草渐渐发芽生长，黄莺飞来飞去。杨柳的枝条轻拂着堤岸，在水泽和草木间蒸发的水汽，烟雾般令人心醉。村里的孩子们早早就放学回家了。他们趁着春风劲吹的时机，把风筝放上蓝天。

作者简介	高鼎,字象一,又字拙吾,清代后期诗人。著有《拙吾诗文稿》。
创作背景	诗人晚年壮志难酬,归隐于上饶农村。早春二月,草长莺飞,杨柳拂堤,受到田园氛围感染的诗人写下此诗。
诗歌内容	这首诗描绘了农村春光明媚的景象,同时又充满了愉快的生活气息。
诗句鉴赏	前两句,诗人以轻快活泼的笔调,选取了美丽春景中最富有特征的几项景物进行了描绘,点染出了一派美不胜收的融融春光。
	后两句,由景而及人,诗人饶有情致地写了一个群童放风筝的场面。
语言鉴赏	"醉"字用拟人手法,形象描绘了柳枝在烟霭氤氲中低垂飘拂的情态;"忙"字突出了儿童放风筝兴趣之浓烈,刻画出儿童天真可爱的形象。

村居

拓展训练

❶判断下列说法的对错。对的画"√",错的画"×"。

（1）这首诗写的是暮春时节孩子们放学归来放风筝的场景。（　　）

（2）"鸢"是老鹰,"纸鸢"就是指风筝。（　　）

❷默写这首诗并用"∕"给诗句划分朗读节奏。

_____

_____

❸这首诗的前两句描绘了怎样的画面?

_____

参 考 答 案

第 1 首　江南

1. B

2. A

3. B

4. 示例：春水碧于天,画船听雨眠。/
　　日出江花红胜火,春来江水绿如蓝。

第 2 首　长歌行

1. 自然界植物花草的荣枯变化
　　珍惜时间,努力学习,有所作为

2. (1)天亮,引申为阳光照耀
　　(2)布施,给予
　　(3)同"花"
　　(4)白白地

3. 少壮不努力　老大徒伤悲

第 3 首　敕勒歌

1. 川　阴山下　天　四野　天苍苍
　　野茫茫　风吹草低见牛羊

2. (1)√　(2)×

3. 示例：天空蓝蓝的,原野辽阔无边,
　　风儿吹过,牧草低伏,显现出隐没
　　其中的众多牛羊。

第 4 首　咏鹅

1. 这首诗赞美的是鹅。

2. (1)√　(2)×　(3)×

3. 白　绿　红

4. 《在狱咏蝉》：西陆蝉声唱,南冠客
　　思深。不堪玄鬓影,来对白头吟。
　　露重飞难进,风多响易沉。无人信
　　高洁,谁为表予心。

第 5 首　风

1. (1)B　(2)A　(3)A

2. 托物言志

3. 示例：
　　(1)沾衣欲湿杏花雨,吹面不寒杨
　　柳风。/迟日江山丽,春风花草香。
　　(2)卷地风来忽吹散,望湖楼下水
　　如天。/夜阑卧听风吹雨,铁马冰
　　河入梦来。

4. 解落/三秋/叶,能开/二月/花。
　　过江/千尺/浪,入竹/万竿/斜。

第 6 首　咏柳

1. 贺知章　唐

2. 春天 绿丝绦(绿色的丝带) 春风(二月的春风)

3. (1)装饰,打扮 (2)裁剪 (3)如同,好像

4. 碧玉妆成一树高 万条垂下绿丝绦 不知细叶谁裁出 二月春风似剪刀

第7首 回乡偶书

1. 唐 贺知章

2. 少小离家老大回 乡音无改鬓毛衰

3. D

4. 《回乡偶书》(其二):离别家乡岁月多,近来人事半消磨。惟有门前镜湖水,春风不改旧时波。

第8首 凉州词

1. 王之涣 唐 边塞

2. 某种温暖的关怀或某种人间春意

3. D

4. 黄河远上白云间,一片孤城万仞山。羌笛何须怨杨柳,春风不度玉门关。

第9首 登鹳雀楼

1. 王之涣 唐

2. (1)依傍 消失 (2)希望,想要

(3)再

3. 白日/依山/尽,黄河/入海/流。欲穷/千里/目,更上/一层/楼。

4. 如果想要遍览千里风景,那就需要再登上更高的一层楼。

第10首 春晓

1. 孟浩然 唐 王孟

2. (1)A (2)B (3)A

3. 春眠/不觉/晓,处处/闻/啼鸟。夜来/风雨/声,花落/知/多少。

第11首 凉州词

1. 唐 边塞 王翰

2. B

3. (1)√ (2)√ (3)√ (4)×

第12首 出塞

1. 唐 王昌龄 李广 汉 飞将军

2. (1)只要 (2)不叫,不让 越过

3. "秦时明月汉时关"指秦汉时的明月、秦汉时的关,运用了互文的修辞手法。

第13首 芙蓉楼送辛渐

1. 辛渐 清晨 芙蓉楼 洛阳

2. (1)寒雨连江夜入吴,平明送客楚

山孤。

（2）洛阳亲友如相问,一片冰心在玉壶。

3. 示例:《别董大》:千里黄云白日曛,北风吹雁雪纷纷。莫愁前路无知己,天下谁人不识君?

《送元二使安西》:渭城朝雨浥轻尘,客舍青青柳色新。劝君更尽一杯酒,西出阳关无故人。

《黄鹤楼送孟浩然之广陵》:故人西辞黄鹤楼,烟花三月下扬州。孤帆远影碧空尽,唯见长江天际流。

第14首　鹿柴

1. 傍晚
2. （1）B　（2）A　（3）B
3. （1）×　（2）√

第15首　送元二使安西

1. 唐　王维　元二　渭城　安西
2. （1）湿润,沾湿　（2）旅馆　（3）再
3. 渭城/朝雨/浥/轻尘,客舍/青青/柳色/新。劝君/更尽/一杯/酒,西出/阳关/无/故人。
4. 明月何曾是两乡

第16首　九月九日忆山东兄弟

1. （1）C　（2）B　（3）B

2. （1）想念　（2）独自
　　（3）更加,加倍
3. 想得家中夜深坐

第17首　静夜思

1. 李白　唐　诗仙
2. （1）√　（2）×
3. 床前/明月/光,疑是/地上/霜。举头/望/明月,低头/思/故乡。
4. 示例:《次北固山下》:客路青山外,行舟绿水前。潮平两岸阔,风正一帆悬。海日生残夜,江春入旧年。乡书何处达?归雁洛阳边。

《泊船瓜洲》:京口瓜洲一水间,钟山只隔数重山。春风又绿江南岸,明月何时照我还。

第18首　古朗月行(节选)

1. 李白　李杜
2. 白玉盘　瑶台镜
3. 小时不识月,呼作白玉盘。又疑瑶台镜,飞在青云端。仙人垂两足,桂树何团团。白兔捣药成,问言与谁餐。蟾蜍蚀圆影,大明夜已残。羿昔落九乌,天人清且安。阴精此沦惑,去去不足观。忧来其如何,

凄怆摧心肝。

4.示例:深林人不知,明月来相照。/
举杯邀明月,对影成三人。/
明月松间照,清泉石上流。

第19首 望庐山瀑布

1.(1)×　(2)√　(3)√

2.日照/香炉/生/紫烟,遥看/瀑布/
挂/前川。飞流/直下/三千/尺,
疑是/银河/落/九天。

3.水流从数千尺的高处直泻而下,让
人怀疑是璀璨的银河水落自九天。

4.朝如青丝暮成雪

第20首 赠汪伦

1.汪伦

2.(1)将要　(2)比得上

3.桃花潭水深千尺　不及汪伦送我情

4.抒情　深千尺

5.白发三千丈

第21首 黄鹤楼送孟浩然之广陵

1.唐　李白　三月　黄鹤楼　扬州

2.(1)往,到　(2)辞别　(3)消失

3.故人西辞黄鹤楼　烟花三月下扬州
孤帆远影碧空尽　唯见长江天际流

4.故人/西辞/黄鹤楼,烟花/三月/

下/扬州。孤帆/远影/碧空/尽,
唯见/长江/天际/流。

第22首 早发白帝城

1.早晨

2.(1)启程,出发　(2)告别
(3)停息

3.A

4.千里江陵一日还　轻舟已过万重山

第23首 望天门山

1.(1)劈开,断开　(2)回旋,回转
(3)突出,出现

2.天门/中断/楚江/开,碧水/东流/
至此/回。两岸/青山/相对/出,
孤帆/一片/日边/来。

3.两岸高耸的青山隔着长江相峙而
立,一只小船从太阳升起的地方悠
悠驶来。

第24首 别董大

1.高适　高岑　王昌龄　王之涣

2.黄云　白日　北风　雁　雪

3.北风吹雁雪纷纷　漫天的黄云遮
蔽天空,连白日也失去了光彩。北
风阵阵,雪花纷飞,大雁在风雪中
南飞。

4. 天下谁人不识君　表达了诗人对朋友的劝慰、勉励之情。

第25首　绝句（其一）

1. 黄鹂　翠柳　白鹭　青天　千秋雪　万里船　黄、翠、白、青　鸣　两个黄鹂鸣翠柳，一行白鹭上青天　窗含西岭千秋雪，门泊东吴万里船

2. 两个/黄鹂/鸣/翠柳，一行/白鹭/上/青天。窗含/西岭/千秋雪，门泊/东吴/万里船。

3. 两只黄鹂在翠绿的柳树间鸣叫，一行白鹭直冲向蔚蓝的天空。

第26首　春夜喜雨

1. 唐　杜甫　子美　少陵野老　杜工部　诗圣　诗史

2. 听觉　视觉

3. 随风潜入夜　润物细无声

第27首　绝句（其二）

1. 迟日/江山/丽，春风/花草/香。泥融/飞/燕子，沙暖/睡/鸳鸯。

2. 燕子衔着湿泥忙着筑巢，暖和的沙子上睡着成双成对的鸳鸯。

3. 示例：天街小雨润如酥，草色遥看近却无。/几处早莺争暖树，谁家

新燕啄春泥。/等闲识得东风面，万紫千红总是春。

第28首　江畔独步寻花

1. （1）片，丛　（2）究竟，到底

2. 黄师塔/前/江水/东，春光/懒困/倚/微风。桃花/一簇/开/无主，可爱/深红/爱/浅红？

3. 春天给人一种困倦、让人想倚着春风小憩的感觉。

第29首　枫桥夜泊

1. 唐　张继　一个秋天的夜晚　苏州城外枫桥边　水中停泊的船上

2. 月　乌鸦　霜　枫树　渔火

3. 江枫渔火对愁眠

4. （1）×　（2）×　（3）×　（4）√

第30首　滁州西涧

1. 唐　韦应物　七言绝句　怜

2. （1）喜欢　（2）树林深处
（3）随意漂浮

3. 春潮夹带着暮雨流得湍急，荒野渡口无人，只有一只小船悠闲地横在水面。

4. 独怜幽草涧边生，上有黄鹂深树鸣。春潮带雨晚来急，野渡无人舟

自横。

第31首 渔歌子

1. 词 唐 张志和
2. 春天 西塞山前 白鹭 青箬笠 绿蓑衣
3. 悠闲自在
4. 西塞山前/白鹭/飞,桃花/流水/鳜鱼/肥。青/箬笠,绿/蓑衣,斜风/细雨/不须/归。

第32首 塞下曲

1. 唐 卢纶 五言绝句
2. 3 2 1 4
3. 月黑/雁/飞高,单于/夜/遁逃。欲将/轻骑/逐,大雪/满/弓刀。

第33首 游子吟

1. 唐 孟郊 韩愈
2. (1)将要 (2)担心 (3)说
3. (1)临行密密缝,意恐迟迟归。
   (2)谁言寸草心,报得三春晖。

第34首 早春呈水部张十八员外

1. 唐 韩愈 柳宗元、欧阳修、苏洵、苏轼、苏辙、曾巩、王安石
2. 草色遥看近却无

3. C

第35首 望洞庭

1. 唐 刘禹锡 梦得 诗豪
2. 比喻 湖面 镜子
3. 湖光/秋月/两/相和,潭面/无风/镜/未磨。遥望/洞庭/山水/翠,白银/盘里/一/青螺。
4. 远远望去,洞庭湖山水一片翠绿,好像白银盘子托着青青的田螺。

第36首 浪淘沙(其一)

1. 九曲黄河万里沙 浪淘风簸自天涯 如今直上银河去 同到牵牛织女家
2. (1)√ (2)× (3)√ (4)×
3. 万里黄河弯弯曲曲挟带着泥沙,波涛滚滚如巨风掀簸来自天涯。

第37首 赋得古原草送别(节选)

1. 青草茂盛的样子 枯萎 茂盛
2. 离离/原上/草,一岁/一/枯荣。野火/烧/不尽,春风/吹/又生。
3. 远芳侵古道,晴翠接荒城。又送王孙去,萋萋满别情。

第38首 池上

1. 白居易 乐天 香山居士 唐 元白
2. (1)× (2)× (3)×

3. 小娃/撑/小艇,偷采/白莲/回。
不解/藏/踪迹,浮萍/一道/开。

4. 示例:儿童急走追黄蝶,飞入菜花
无处寻。/儿童散学归来早,忙趁
东风放纸鸢。/牧童骑黄牛,歌声
振林樾。意欲捕鸣蝉,忽然闭口立。

第39首　忆江南

1. (1)熟悉　(2)胜过,超过

2. 江南/好,风景/旧/曾谙。日出/
江花/红/胜火,春来/江水/绿/
如蓝。能/不/忆/江南?

3. 日出时,在朝阳的映衬下,江畔的
鲜花比火还要红艳,春天的江水清
净明澈,像蓝草一样绿。

第40首　小儿垂钓

1. 胡令能　唐

2. (1)A　(2)A　(3)B　(4)C

3. 蓬头/稚子/学/垂纶,侧坐/莓苔/
草/映身。路人/借问/遥/招手,
怕得/鱼惊/不/应人。

4. "遥招手"的是小儿(钓鱼的小孩)。
因为他怕回答路人的问题会吓跑
鱼儿。

第41首　悯农(其一)

1. 李绅　唐

2. (1)B　(2)A

3. 2　3　1　4

4. 春种/一粒/粟,秋收/万颗/子。
四海/无/闲田,农夫/犹/饿死。

第42首　悯农(其二)

1. (1)粮食　(2)都

2. 锄禾/日/当午,汗滴/禾下/土。
谁知/盘中/餐,粒粒/皆/辛苦。

3. 示例:农民伯伯的劳动非常辛苦,
粮食来之不易,我们要珍惜粮食,
不能浪费。

第43首　江雪

1. 唐　柳宗元　子厚　柳河东
唐宋八大家

2. (1)C　(2)A　(3)A

3. 千山/鸟/飞绝,万径/人/踪灭。
孤舟/蓑笠/翁,独钓/寒/江雪。

4. 所有的山上,飞鸟的身影已经绝迹;
所有的道路上,都不见人的踪影。

第44首　寻隐者不遇

1. 贾岛　唐　郊寒岛瘦

2. (1)寻访　(2)回答,说
(3)行踪,所在

3. ①云深不知处　②松下问童子

③只在此山中　④言师采药去
②④③①

第45首　山行

1. 唐　杜牧　小杜　小李杜
2. 秋天(深秋)　停车坐爱枫林晚
   霜叶红于二月花
3. 山路　人家　白云　红叶
4. (1)伸向　(2)产生,生出
   (3)因为　(4)比……更红

第46首　清明

1. 清明时节雨纷纷　路上行人欲断魂
2. (1)C　(2)B
3. 清明/时节/雨/纷纷,路上/行人/
   欲/断魂。借问/酒家/何处/有?
   牧童/遥指/杏花村。

第47首　江南春

1. 虚指　寺院很多
2. 千里/莺啼/绿映红,水村/山郭/
   酒旗风。南朝/四百八十/寺,多
   少/楼台/烟雨中。
3. 辽阔的千里江南,黄莺在欢乐地歌
   唱,丛丛绿树映着簇簇红花,有傍
   水的村庄,有依山的城郭,还有迎
   客的酒旗在风中招展。

第48首　蜂

1. 唐　罗隐　七言绝句
2. (1)占有,占据　(2)采集,这里指
   采集花蜜　(3)替,为了
3. 不论/平地/与/山尖,无限/风光/
   尽/被占。采得/百花/成蜜/后,
   为谁/辛苦/为谁/甜?

第49首　江上渔者

1. 宋　范仲淹　希文　文正　范文正公
2. (1)捕鱼的人　(2)只　(3)您
3. (1)君看一叶舟,出没风波里。
   (2)江上往来人,但爱鲈鱼美。

第50首　元日

1. 宋　王安石　春节
2. (1)指农历正月初一　(2)形容太
   阳出来后天色渐亮的样子　(3)用
   新桃符换下旧桃符
3. 爆竹/声中/一岁/除,春风/送暖/
   入/屠苏。千门/万户/曈曈/日,
   总把/新桃/换/旧符。
4. 初升的太阳照耀着千家万户,他们
   都忙着把旧的桃符取下,换上新的
   桃符。

第51首 泊船瓜洲

1. C

2. 京口/瓜洲/一水/间,钟山/只隔/数重/山。春风/又绿/江南/岸,明月/何时/照我/还。

3. 示例:"大漠孤烟直,长河落日圆"句中的"直""圆"。

第52首 书湖阴先生壁

1. (1)书写,题诗 (2)护卫,环绕 (3)推开

2. 茅檐/长扫/净无苔,花木/成畦/手自栽。一水/护田/将绿绕,两山/排闼/送青来。

3. 示例:草树知春不久归,百般红紫斗芳菲。

第53首 六月二十七日望湖楼醉书

1. 北宋 苏轼 子瞻 东坡居士 唐宋八大家

2. (1)遮盖,遮挡 (2)突然 (3)形容湖面像天空一般开阔而且平静

3. 这句诗的意思是湖上落下白花花的大雨,雨脚敲打着湖面,水花飞溅,宛如无数颗晶莹的珍珠,乱纷纷地跳进游人的船舱。"跳珠"这

个形象而富有动感的比喻,既写出雨来纷急的样子,又烘托出诗人赏雨的喜悦心情。

第54首 饮湖上初晴后雨

1. 西湖

2. 水光潋滟晴方好 山色空蒙雨亦奇

3. (1)波光闪动的样子 正
(2)迷茫缥缈的样子 也

4. 水光潋滟晴方好,山色空蒙雨亦奇。欲把西湖比西子,淡妆浓抹总相宜。

5. 晴天,西湖水波荡漾,在阳光照耀下光彩熠熠,美极了;下雨时,远处的山笼罩在烟雨之中,时隐时现,眼前一片迷蒙,这朦胧的景色也是非常漂亮的。

第55首 惠崇春江晚景

1. 苏洵 苏辙

2. 竹子 桃花 蒌蒿 江 芦芽 鸭子 河豚

3. 竹外桃花三两枝,春江水暖鸭先知。蒌蒿满地芦芽短,正是河豚欲上时。

4. 鸭子在水中游戏,它们最先察觉了

初春江水的回暖。

第56首　题西林壁

1. C

2.（1）书写、题写　（2）认识，辨别
（3）因为

3. 不识庐山真面目　只缘身在此山中

第57首　夏日绝句

1. 南宋　李清照　易安居士

2. 借古讽今　项羽

3. 生当作人杰，死亦为鬼雄。至今思
项羽，不肯过江东。

4.《题乌江亭》：胜败兵家事不期，包
羞忍耻是男儿。江东子弟多才俊，
卷土重来未可知。

第58首　三衢道中

1. 曾几　宋

2. 梅子黄时　日日晴　梅子黄　小
溪　山　绿阴　黄鹂四五声

3.（1）乘船　再、又　（2）树阴

4. 梅子/黄时/日日/晴，小溪/泛尽/
却/山行。绿阴/不减/来时/路，
添得/黄鹂/四五/声。

第59首　示儿

1. 南宋　陆游　务观　放翁

2.（1）给儿子看　（2）同"原"，本来
（3）只是　（4）你们的父亲

3. 全国　南宋朝廷的军队

第60首　秋夜将晓出篱门迎凉有感

1. 黄河　华山　在金统治地区的原
宋朝百姓　南宋朝廷的军队

2.（1）√　（2）×　（3）×

3. 三万里/河/东/入海，五千仞/岳/
上/摩天。遗民/泪尽/胡尘/里，
南望/王师/又/一年。

第61首　四时田园杂兴(其一)

1. 南宋　范成大　杨万里　陆游

2.（1）理解，懂得　从事
（2）靠近　树荫

3. B

第62首　四时田园杂兴(其二)

1.（1）果实大而多汁　（2）篱笆
（3）只有

2. 梅子/金黄/杏子/肥，麦花/雪白/
菜花/稀。日长/篱落/无人/过，
惟有/蜻蜓/蛱蝶/飞。

3. 初夏正是梅子金黄、杏子肥大的时
节，麦穗扬着白花，油菜花差不多
落尽，正在结籽。

4. 表达了诗人对江南初夏田园风光的赞美和向往之情。

第63首　小池

1. 杨万里　诚斋　诚斋先生
2. （1）√　（2）×　（3）×　（4）×
3. 树阴照水爱晴柔

第64首　晓出净慈寺送林子方

1. 林子方　早晨　西湖（净慈寺）
2. （1）太阳刚刚升起　（2）到底
（3）特别，不一样
3. 莲叶　荷花　六月　对西湖景色的喜爱　送别好友时的依依不舍
4. 毕竟西湖六月中，风光不与四时同。接天莲叶无穷碧，映日荷花别样红。
5. 莲叶接天望不尽，一片碧绿，阳光下荷花分外艳丽鲜红。

第65首　春日

1. 南宋　朱熹　朱子
2. （1）水边，河边　（2）风光，风景
（3）平常，轻易
3. 胜日寻芳泗水滨，无边光景一时新。等闲识得东风面，万紫千红总是春。

第66首　观书有感（其一）

1. 不断汲取新的知识
2. （1）它，第三人称代词，这里指方塘之水　（2）怎么会　（3）因为
3. 画面：半亩大的方形池塘像一面镜子一样展开在眼前，清澈明净，天光、云影在水面上闪耀浮动。
哲理：只有不断学习、更新和发展，汲取新的知识，像不断有源头活水注入塘中那样，才能使内心澄明。
4. 半亩/方塘/一鉴/开，天光/云影/共/徘徊。问渠/那得/清/如许？为有/源头/活水/来。

第67首　题临安邸

1. 几时休
2. （1）旅店　（2）停止　（3）简直
3. "暖风"既指自然界的风，还暗指当时西湖上那种花天酒地、歌舞升平的淫靡之风。
"游人"既指一般游客，更是指那些苟且偷安、寻欢作乐的南宋统治阶级。

第68首　游园不值

1. 南宋　叶绍翁

2. (1) 遇到 （2）大概, 表示猜测 怜惜 （3）轻轻地敲

3. 可是这满园的春色毕竟是关不住的, 你看, 那儿有一枝红色的杏花伸出墙头来。

4. B

第69首 乡村四月

1. 宋 翁卷 初夏

2. 景 人 乡村风光 劳动生活(劳动人民） 绿遍山原 白满川 繁忙(忙碌）

3. 结束 刚刚结束了蚕桑的事又要插秧了。

4. 示例:《山亭夏日》:绿树阴浓夏日长, 楼台倒影入池塘。水晶帘动微风起,满架蔷薇一院香。

第70首 墨梅

1. 不要人夸好颜色 只留清气满乾坤 不向世俗献媚 托物言志

2. (1)A （2）A （3）B

3. 我家洗砚池头树,朵朵花开淡墨痕。不要人夸好颜色,只留清气满乾坤。

第71首 石灰吟

1. 明 于谦 忠肃 岳飞 张煌言

2. (1)平常 （2）全,全然 （3）指高尚的节操

3. 这首诗采用了托物言志的手法。表达了诗人为国尽忠、不怕牺牲的意愿和坚守高洁情操的决心。

第72首 竹石

1. (1)本来,原本 （2）任凭 你

2. 前两句运用了拟人的修辞手法。写出了竹子不屈不挠、顽强执着的品格。

3. 这首诗运用了托物言志的手法。借竹子表现了诗人不向外部势力低头、铁骨铮铮的形象。

第73首 所见

1. (1)想要 捉 叫 （2)站立

2. 牧童骑黄牛,歌声振林樾。意欲捕鸣蝉,忽然闭口立。

3. 因为牧童想要捉正在树上鸣叫的蝉,害怕歌声将它吓跑。

第74首 己亥杂诗

1. 清 龚自珍 三百年来第一流

2.（1）活力，生命力。这里指朝气蓬勃的局面　依靠　（2）沉默　终究，毕竟　（3）振作，奋发

3.所有的马都沉寂无声。比喻人们沉默不语，不敢发表意见

4.九州／生气／恃／风雷，万马／齐喑／究／可哀。我劝／天公／重／抖擞，不拘／一格／降／人材。

第75首　村居

1.（1）✕　（2）✓

2.草长／莺飞／二月／天,拂堤／杨柳／醉／春烟。儿童／散学／归来／早,忙趁／东风／放／纸鸢。

3.农历二月，村子前后青草渐渐发芽生长，黄莺飞来飞去。杨柳的枝条轻拂着堤岸，在水泽和草木间蒸发的水汽，烟雾般令人心醉。